옐로우 큐의 살아있는 박물관 시리즈

우주 박물관 상

| **초등 과학 교과연계도서** |

3-1 지구의 모습

5-1 태양계와 별

5-2 물체의 운동

6-1 지구와 달의 운동

| **중등 과학 교과연계도서** |

1 여러 가지 힘

2 태양계

3 별과 우주

3 과학 기술과 인류 문명

| **일러두기** |

본문에서 책 제목은《 》, 강조 단어는 ‘ ’로 구분해 사용했어요.

옐로우 큐의 살아있는 박물관 시리즈

우주 박물관 상

지구에서 달까지 우주선 개발기

윤자영 글 | 해마 그림

안녕로빈

목차

이야기의 시작 분쟁의 씨앗 008

1 지구에서 달로 포탄 개발 계획 020

옐로우 큐의 수업노트 01 달과 지구 034

2 하버드 대학 천문대에서 온 편지 038

옐로우 큐의 수업노트 02 천문대와 망원경 054

3 로켓이어야 한다 058

옐로우 큐의 수업노트 03 로켓 발사체 운동 082

4 끝장 과학 토론 086

옐로우 큐의 수업노트 04 우주선 발사 기지 114

5 달로 가려는 자 118

옐로우 큐의 수업노트 05 로켓과 우주선 개발 142

6 사생결단 결투장 146

옐로우 큐의 수업노트 06 우주로 가는 사람들 164

이야기를 마치며 포탄 우주선을 타다 168

◆ 쥘 베른의 《지구에서 달까지》, 20세기 달 착륙을 견인한 19세기 과학 소설 182

◆ 옐로우 큐의 편지 184

민서연

과학 동아리 부장이며 과학 영재이다. 옐로우 큐와 함께 해양 박물관에서 《해저 2만 리》의 잠수함 노틸러스호를 탔고, 생존 박물관에서 《15 소년 표류기》의 무인도를 살아서 탈출했다.

분쟁의 씨앗

서연은 천동해, 오백근과 함께 과학 박물관의 특별 전시관 앞 광장으로 갔다. 동해와 백근은 해양 박물관에서 전설의 노틸러스호를 타고 전 세계 바닷속을 여행한 사이다. 해양 생물에 관심이 많은 동해는 서연이 부장으로 있는 과학 동아리에 들어왔고, 백근은 과학도 재미있겠다며 절친이 된 동해를 따라왔다.

"백근아, 요리 동아리가 아니라 과학 동아리야."

서연은 백근이 늘 허리에 차고 다니는 양념 벨트를 손가락으로 가리키며 말했다.

"히히히, 난 언제 어디서나 맛난

오백근

맛있는 요리를 해서 나눠 먹는 것을 좋아한다. 해양 박물관에서 노틸러스호를 타고 바다 모험을 했다. 우주 여행의 비상 식량을 준비한다. 서로 잘났다는 남자들 사이에서 성격 좋은 감초 역할을 한다.

음식을 먹고 싶을 뿐이야."

동해가 전시 안내서의 제목을 읽었다.

"달로 가는 자, 그는 누구인가?"

"달이라고?"

"여기 '달로 가는 자'라고 쓰여 있어."

"동해야, 나 불안해. 지난번에 옐로우 큐 선생님과 무인도까지 갔었거든."

"설마, 달까지 가겠어? 걱정 마. 난 어서 옐로우 큐 선생님 만나 뵙고 싶어. 해양 박물관에서 정이 들었거든."

"나도 그래. 하지만 선생님은 너무 설명이 많으셔. 오늘은 안 그러셨으면 좋겠네."

백근이 배시시 웃으며 맞장구쳤다.

옐로우 큐에게 연락을 받은 것은 어제다. 전화를 받자마자 앞뒤 없이 말을 늘어놓았다. 요점은 일주일 뒤에 개장하는 우주 박물관 준비를 도와 달라는 거였다.

"한 명이 더 온다고 하지 않았어?"

동해가 서연을 돌아보며 말했다.

천동해

외톨이 전학생이었지만, 해양 박물관에 다녀온 후 서연과 동해와 절친 사이가 되었다. 바다에만 집요한 관심을 보였지만, 서연의 소개로 과학 동아리에 들어온 후 우주라는 거대한 바다에 눈을 뜬다.

"맞아, 마상백이라고. 마침 저기 오네."

서연은 맞은편에서 걸어오는 마상백에게 손을 흔들었다.

"너희도 마상백 알지?"

상백은 전학 올 때부터 문제 학생으로 소문이 자자했다. 동해와 백근이 모를 리가 없었다. 백근이 말했다.

"기피 대상 1호, 그 마상백?"

"지금은 아니야. 상백이랑은 지난번 생존 박물관에서 《15소년 표류기》의 무인도에 함께 갔었어."

상백은 그새 키가 더 커서 서연이 많이 올려다봐야 했다.

"왜 휴일에 불러내는 거야?"

"어서 와. 선생님께서 우주 박물관 특별 전시를 기획하셨는데 일손이 부족하대."

"또 무슨 엄청난 일을 꾸미시는

마상백

과학 동아리의 문제 학생이었지만, 생존 박물관에 다녀 온 후 과학 동아리의 핵심 회원이 되었다. 생존 박물관 무인도 체험에서는 여러 가지 일을 해내는 능력자로 인정받았다.

거 아냐? 그런데 이 꼬맹이와 뚱땡이는 누구야?"

마상백은 거침없이 말했다. 예의라고는 없었다. 서연은 생존 박물관에 다녀온 후 어느 정도 상백을 이해하게 되었지만, 상백과 처음 만난 동해와 백근은 불쾌한 표정을 지었다.

"뭐 꼬맹이? 너 말 다 했어? 그럼 너는 얼굴 깡패냐?"

"얼굴 깡패? 흣! 까불다가 혼난다, 꼬맹아."

옐로우 큐가 나타나지도 않았는데 벌써부터 험난하다. 첫 만남부터 동해와 상백이 부딪치리라고는 예상하지 못했다. 서연은 서둘러 둘 사이로 비집고 들어갔다.

"너희들, 만난 건 처음이지? 이쪽은 마상백이고 여기는 천동해와 오백근이야. 사이 좋게 지내자, 응?"

서연이 험악한 분위기를 바꿔 보려 애썼지만 물러 서 있던 백근마저 불퉁하게 굴었다.

"처음 보자마자 인신공격이라니! 저런 친구 난 사양할래."

"미안 미안! 백근아, 대신 내가 사과할게."

서연은 이마의 땀을 손으로 닦았다. 백근을 달래는 동안에도 동해와 상백의 눈에는 불꽃이 튀기고 있었다. 서연은 손을 모으고 성격 좋은 백근에게 도와 달라는 눈길을 보냈다.

그런 서연을 보고 백근이 마지못해 앞으로 나섰다.

"잘 지내 보자, 마상백. 난 오백근이야."

상백은 백근이 허리에 차고 있는 양념통을 보고 헛웃음을 지으며 외면하고는 서연에게 말했다.

"얼른 가자, 바쁘다며?"

서연은 앞서가는 상백을 가리키며 동해와 상백에게 말했다.

"저래 봬도 의리가 있는 친구야. 자자, 화풀고 선생님이 계신 곳으로 가자."

서연은 진땀을 닦으며 동해와 백근의 등을 밀었다.

옐로우 큐의 사무실은 난장판이었다. 책상과 바닥에 책들이 층층이 쌓여 있었고 우주 모형들이 널려 있었다. 안쪽에서 사람 소리가 들렸다. 상백이 소리쳤다.

"선생님! 옐로우 큐 선생님? 거기 계세요?"

쿵!

"어이쿠."

책상 아래 있던 사람이 급히 일어나다가 머리를 책상 아래에 부딪쳤다.

"아이고, 아파라. 학생들, 모두 왔니?"

머리를 문지르며 일어난 사람은 노란색 옷을 입은 부산스러운 남자, 어디서도 보기 어려운 캐릭터 옐로우 큐가 맞았다.

선생님은 널려 있는 책들을 돌아 나오더니, 손을 위로 뻗어 과장된 자세를 해 보이며 말했다.

"이제는 우주다! 우주로 가는 자, 그는 누구인가?"

옐로우 큐

과학 전문 큐레이터. 과학 전 분야에 지대한 관심을 가지고 있다. 하지만 이론에만 강할 뿐 실제 생활은 허술하다. 달로 쏘는 우주선 개발에 결정적인 과학 지식을 전달한다.

동해와 백근은 서로 마주 보며 웃었다. 아직까지 무인도 생존 모험이 생생한 상백이 주변을 두리번거리며 소리쳤다.

"설마, 우리를 우주로 데리고 가려는 것은 아니죠?"

"크크크, 어떠냐? 이번 특별 기획 전시는 우주, 태양계야."

서연이 옐로우 큐의 팔을 잡고 흔들었다.

"그만하시고 저희가 무엇을 도와야 하는지 알려 주세요."

"맞아! 너희들, 나를 도와주러 왔지? 우선 전시물을 정해진 자리에 갖다 놓는 일부터 해 줄래?"

흥분한 옐로우 큐를 보니 더 불안해져서 서연이 물었다.

"선생님, Q 배지는 어디 있어요?"

"글쎄, 어디에다 뒀더라?"

Q 배지는 소설 속으로 들어가고 나오게 하는 도구다. 옐로우 큐가 서랍을 마구 뒤졌지만 나타나지 않았다. 분명 어지러운 서랍 속 깊숙한 곳에 있을 것이다. 옐로우 큐가 산만한 건 새삼스러운 일이 아니다.

"어? 분명히 여기에 놓은 것 같은데 없네. 어디 간 거야?"

Q 배지를 찾지 못한 건 오히려 다행이다. 지난번 생존 박물관 때처럼 감정에 휘둘려 Q 배지를 작동시키고 위험한 소설 속으로 가는 일은 없을 테니까.

전시관에 들어가자마자 보이는 것은 로켓이었다. 거대한 로켓 모형은 당장이라도 우주로 날아갈 것 같았다.

"학생들, 봐라. 굉장한 전시가 되겠지? 저기 봐! 달이야."

서연은 옐로우 큐가 가리키는 곳을 보았다. 커다란 노란색 공에 검은 무늬가 있었다. 노란 공이 달이라면 검은 무늬는 달의 바다를 표현한 것이었다. 천장 높이 매달려 있어야 할 공은 아래로 늘어져 있었고 전시관 곳곳에 전시물이 널려 있었다.

"상백이랑 동해는 이 우주복을 좀 옮겨 줄래?"

옐로우 큐의 말에 상백이 동해를 힐끔 보고는 대답했다.

"혼자 할게요. 저 꼬마랑은 힘이 맞지 않아요."

"뭐, 꼬마? 이 자식이!"

동해가 상백에게 달려드는 걸 옐로우 큐가 나서서 막았다.

"둘은 서로 모르는 사이야?"

서연이 힘없이 고개를 끄덕였다.

"상백이랑은 제가 할게요. 동해야, 너는 백근이랑 같이 해."

"그래, 그러는 것이 좋겠구나."

아이들은 두 팀이 되어 따로 움직였다. 달과 행성이 될 둥근 모형들을 천장에 매달자, 태양계가 완성되었다. 전시물들이 제자리를 찾으면서 전시의 형태가 점차 만들어졌다. 하루해가 넘어갈 때쯤 전시관이 정돈되었다.

"학생들, 수고했다. 보답하는 의미로 우주 전시를 체험할 기회를 가장 먼저 너희에게 주마. 우주선 체험 기구, 우주 VR, 별자리 관찰 돔이 있어. 어디부터 갈까?"

상백이 손을 번쩍 들고 우주 VR을 해 보겠다며 좋아했다. 상백이 동해의 팔을 잡았다.

"동해라고 했지? 꼬마라고 한 건 미안해. 같이 하자."

하지만 동해는 상백의 팔을 거세게 뿌리치고는 몸을 돌려 다른 쪽으로 걸어갔다. 백근이 동해를 따라갔다. 상백은 어깨를 으쓱하고는 VR 안경을 쓰더니 신나게 소리를 질러 댔다.

옐로우 큐는 동해와 백근을 별자리 관찰 돔으로 들여보내고 나오면서 서연에게 말했다.

"의자에 앉아서 돔 천정을 보면 우주가 바다처럼 펼쳐져. 동해는 바다를 좋아하니까 기분이 나아질 거야."

"선생님, 이번 우주 전시는 정말 멋있네요."

"그럼 그럼, 누가 기획한 건데. 지구와 달, 태양계의 모든 행성을 통달한 나 옐로우 큐잖아?"

"으이구, 칭찬을 못 해요."

서연은 우주선 체험을 하려고 로켓으로 올라갔다. 의자에 앉아 안전벨트를 매자, 밖에서 옐로우 큐가 버튼을 눌렀다. 로켓이 엔진 소리를 내더니 위로 서서히 올라갔다.

"와아, 이거 실감나네. 우주에 한 번쯤 가 보고도 싶어."

그때 의자에 있던 뾰족한 것이 서연의 엉덩이를 찔렀다.

"으악! 이게 왜 여기 있어?"

Q 배지였다. Q 배지가 황금색으로 빛나고 있었다. 서연이 놀라는 바람에 그것을 놓쳤고 창밖으로 떨어졌다. 아뿔사! 작동하는 건가? 서연이 밖을 내려다보며 외쳤다.

"선생님, Q 배지가 로켓 안에 있었어요."

아래로 떨어지는 Q 배지는 더욱 강한 빛을 내뿜었다. 옐로우 큐가 서연에게 소리쳤다.

"서연 학생, 왜 Q 배지를 작동시켰어?"

"제가 안 했어요!"

그 순간 로켓이 위로 올라갈 때 했던 말이 불현듯 생각났다.

"선생님, 우주로 가 보고 싶다고 무심코 말했는데, 제가 Q 배지를 작동시킨 걸까요?"

"아마도! 걱정 마. 학생들은 멀리 있어서 괜찮을 거야."

옐로우 큐는 빛나는 Q 배지를 발로 걷어찼다. 시공간 이동을 멈춰 보려는 것이었다. 배지는 기둥에 맞아 튕기더니 상백이 있는 VR 의자 쪽으로 날아갔다.

"선생님, Q 배지가 상백이 쪽으로 날아가요."

상백은 아무것도 모르고 가상 우주를 즐기고 있었다.

"이런, 내가 간다! 상백 학생."

옐로우 큐가 혼신의 힘으로 달려가서 Q 배지 위로 몸을 날렸다. Q 배지가 발산하는 빛이 어찌나 강한지 서연은 눈을 질끈 감으며 외쳤다.

"으윽, 선생님 Q 배지를 잘 보관하셨어야지요!"

곧이어 우주를 울리는 듯한 웅장한 목소리가 들려왔다.

광대한 우주를 만나라!
미지의 우주로 가라!
푸른 별 지구를 보라!

1 지구에서 달로 포탄 개발 계획

쓰러져 있던 서연이 간신히 정신을 차리고 앉아 주위를 둘러보았다. 드레스와 턱시도를 입은 사람들이 오가고 마차가 지나다니는 거리였다. Q 배지가 발동하여 시공간을 이동한 것이 분명했다. 옐로우 큐와 친구들은 보이지 않았다.

"으흑, 이번에는 어느 시대, 어느 곳으로 온 거야?"

서연이 머리를 쥐어뜯고 있을 때, 신문 뭉치를 든 소년이 외치며 뛰어왔다.

"호외요, 호외! 대포 클럽 바비케인 회장이 중대한 발표를 한답니다! 어떤 발표일까요? 전쟁 선언일까요?"

"어이, 꼬마야, 나도 신문 하나 줘."

많은 사람들이 소년에게 신문을 사 읽었다. 신문은 금세 동이 났다. 서연은 소년에게 다가갔다.

"안녕, 난 민서연이라고 해."

"어? 넌 동양인이네? 난 존이야."

"그래, 존. 여기가 어디야? 지금은 몇 년도야?"

소년이 놀란 눈을 동그랗게 뜨고 서연을 보았다. 당연했다.

"놀랐다면 미안. 그저 내가 잠시 기억을 잃어서 그래."

"올해는 1865년이고, 이곳은 미국 볼티모어야."

소년은 고개를 갸우뚱했지만, 순순히 대답했다. 어쩐지 마차가 다니더라니! 자동차는 1900년은 되어야 볼 수 있다.

"그렇구나! 그나저나 무슨 일이 생긴 거야? 신문에 어떤 기사가 실린 거야?"

"대포 클럽의 바비케인 회장이 중대한 발표를 한대."

"대포 클럽? 바비케인 회장?"

"너, 그 사람을 몰라? 대포 클럽은 전 세계에서 가장 유명한 단체야. 회원이 무려 3만 명이나 된다고. 최강의 대포를 개발하는 게 그들의 관심사야."

최강의 대포라니! 전쟁이 일어나는 건가? 서연은 불안했다. 일행을 찾는 것보다 이 시대를 아는 게 먼저인 듯했다.

"1865년이면 미국에서 남북 전쟁이 막 끝났을 때야. 링컨 대통령이 노예 해방을 선언하자, 미국 북부가 그것에 찬성하고 남부가 반대하면서 남북 전쟁이 일어났지."

서연이 책에서 읽은 기억을 더듬으며 말했다.

"맞아, 남북 전쟁은 끝났어. 하지만 최근까지도 대포의 성능은 향상되어 왔어. 더 강하게 더 멀리까지 쏠 수 있는 대포를 개발하는 자들이 바로 대포 클럽의 회원들이야."

신나게 설명하던 존의 어깨가 갑자기 축 처졌다.

"전쟁이 끝난 후로는 흥미로운 일이 없어. 다들 그렇게 생각해. 대포 클럽 회원들도 지루한 하루하루를 보내고 있을 거야. 강한 대포를 개발해 봤자 쓸 곳이 없으니까."

전쟁이 게임이라도 되는 것처럼 끝난 걸 아쉬워하다니! 서연은 존과 이곳 사람들이 몹시 이상했다. 대포 클럽 회장이 어떤 말을 하려고 사람들을 불러 모으는 건지 불안했다.

"바비케인이 대포 클럽 회원들에게 편지를 보냈어."

"중대 발표를 한다는 거지?"

"그렇지. 전국의 대포 클럽 회원들이 이곳 볼티모어로 모였어. 한동안 잠잠하던 바비케인 회장이 어떤 발표를 할지 회원이 아닌 사람들도 궁금해하며 모이고 있지."

거리에 사람들이 많은 이유였다.

"바비케인 회장이 언제 어디에서 발표한다는 거야?"

"오늘 저녁이야. 바로 저기 유니언 광장에 대포 클럽이 있어. 나도 갈 참이야. 역사적인 현장을 지켜봐야지. 궁금하면 같이 가도 좋아."

대포 클럽 건물 주변은 복잡했다. 사람들은 광장뿐만 아니라 건물 사이사이 빈 곳을 채우고 있었다. 발표까지는 아직 두 시간이나 남았는데도 건물 안으로 들어가려는 사람들로 북적거렸다. 발표장에는 회원들만 입장할 수 있었지만, 서연은 존과 함께 옆 건물 옥상을 통해 대포 클럽 안으로 들어갈 수 있었다.

대포 클럽 내부는 온통 전쟁 무기들이 전시되어 있었다. 대포의 포신이 기둥 역할을 했고, 샹들리에는 권총 1천 자루로 만든 것이었다. 실로 줄줄이 엮은 포탄, 총알로 만든 목걸이, 탄피로 만든 화관도 있었다. 갑자기 주변이 소란스러워졌다.

드디어 오늘의 주인공이 등장했기 때문이었다.

바비케인 회장은 높은 신사 모자를 쓰고 지팡이를 짚고 있었다. 탄탄한 몸으로 보건대 지팡이는 멋인 것 같았다. 회장은 높은 의장석에 꼼짝하지 않고 앉아 있다가 시곗바늘이 정확히 저녁 8시를 가리키자 자리에서 일어났다. 뚜렷한 이목구비에 수염이 가득한 얼굴은 단호하고 냉정해 보였다.

바비케인이 연단에 서자 순식간에 대포 클럽이 조용해졌다. 모두 침을 꼴깍 삼키며 바비케인 회장이 무슨 말을 할지 숨죽여 지켜보았다.

"존경하는 회원 여러분, 전쟁이 끝난 후 평화가 찾아왔습니다. 하지만 너무 오랫동안 평화가 계속되어 우리 대포 클럽은 연구를 포기했고 한심스럽게도 나태에 빠졌습니다. 이를 극복하려면 무엇을 해야 합니까?"

"전쟁, 전쟁이야!"

회원들이 외쳤다. 바비케인은 입을 다물었고, 일부 사람들이 다시 바비케인의 말을 듣기 위해 "경청, 경청"을 외쳤다.

"전쟁은 불가능합니다. 우리의 대포가 다시금 전쟁터에서 굉음을 내려면 더 오랜 세월이 지나야 할 것입니다. 우리는 이 사실을 현실로 받아들여야 합니다."

다시 주위가 조용해졌고 바비케인은 입을 열었다.

"나는 지난 시간 동안 끊임없이 고민했습니다. 탄도학과 대포 제조 기술을 발전시킬 방법, 대포 클럽이 걸어온 진보의 발걸음을 멈추지 않을 방법을 말입니다. 그리고 마침내 전 세계 역사에 길이 남을 원대한 계획을 세웠습니다. 이 일은 우리 대포 클럽에게 커다란 영광을 안겨 줄 것입니다."

바비케인
프랑스 작가 쥘 베른이 1865년에 쓴 과학 소설 《지구에서 달까지》의 주인공. 대포 클럽의 회장으로 달로 포탄을 쏘는 실험을 성공하기 위해 온 힘을 기울인다.

"전쟁이 끝난 마당에 어떻게 대포를 발전시킨단 말이요?"

관중석에서 어떤 이가 질문을 했지만, 바비케인의 말을 가로막지 말라며 사람들이 소리쳤다. 바비케인의 원대한 계획을 듣고 싶었던 것이다.

"여러분! 나는 최고로 강력한 대포를 만들어 달나라로 쏘아 올리는 실험에 착수할 것입니다. 이 실험은 전 세계를 떠들썩하게 만들 것이고요."

군중이 웅성거렸다. 바비케인이 덧붙여 말했다.

"인류는 지금까지 달의 질량, 밀도, 무게, 부피, 구성, 운동, 거리를 측정했습니다. 그리고 달 지도를 정밀하게 그렸지요. 아름다운 사진도 찍었습니다. 하지만 그러는 동안 달과 지구가 연락을 주고받은 적이 있었나요?"

바비케인의 말에 사람들이 놀라서 웅성거렸다.

"1649년에는 장보두앵이 《스페인의 모험가 도밍고 곤살레스의 달세계 여행》을 출간했고, 비슷한 시기에 쓰여진 시라노 드 베르주라크의 《달나라 여행기》는 프랑스에서 큰 인기를 얻었습니다. 하지만 언제까지 소설만 읽고 있을 겁니까? 나는 달나라 사람에게 쓴 여러분의 편지를 우리 포탄에 실어 달로 쏘아 올리겠습니다."

군중석이 술렁거렸다. 사람들이 손을 들고 질문을 던졌다.

"달나라 사람이 우리 편지를 받았단 걸 어떻게 알죠?"

"가우스라는 독일의 기하학자는 피타고라스 정리를 시베리아 초원 지대에 그려 놓고 달나라 사람과 연락하려 했지만 실행하지 못했어요. 이제 그 위업은 우리의 몫입니다. 나는 달나라 사람에게 커다란 도형을 그려 달라고 요청할 것이고, 우리에게는 그것을 볼 수 있는 천체 망원경이 있어요."

"가능하오? 대포가 달까지 가는 게 가능하냔 말이오."

"가능합니다. 우리가 이룬 탄도학 기술이라면! 초속 12km로 대포를 발사하면 달에 포탄이 닿을 수 있지요."

바비케인이 정확한 수치를 말하자, 사람들이 환호했다.

서연은 이 광경을 지켜보다가 존에게 말했다.

"존, 달로 포탄을 쏘겠다는 생각이 공상처럼 들리지? 그런데 1969년이 되면 아폴로 13호가 달에 착륙해. 하지만 그게 가능하려면 포탄이 아니라 로켓이어야 해."

서연이 옆을 돌아보았지만 존은 없었다. 사람들에게 떠밀려 간 것 같았다. 옆에 서 있던 다른 남자가 서연에게 되물었다.

"방금 뭐라고 말한 거니?"

"달까지 가려면 불을 내뿜는 로켓이 있어야……."

서연의 말이 끝나기도 전에 남자가 외쳤다.

"이 소녀가 달나라에 가려면 포탄이 아니라 로켓이어야 한다는군요."

회원들 모두가 서연을 돌아보았다. 바비케인도 입술을 굳게 다물고 서연을 내려다보았다. 그때였다. 바비케인 뒤에 있던 한 소년이 벌떡 일어나 소리쳤다.

"서연아, 민서연!"

"어? 천동해?"

이유는 알 수 없지만, 동해가 바비케인 회장 가까이에 있었다. 다행히 혼자가 아니었다. 서연은 너무나 반가워서 팔을 번쩍 들고 동해에게 흔들어 보였다.

바비케인은 그런 서연을 못 본 체하고 군중에게 소리쳤다.

"대포를 크게 만들면 34만km 떨어진 달에 포탄을 보낼 수 있어요! 지구와 달의 중력이 같아지는 곳까지만 포탄을 쏘면 그때부터는 달의 인력이 포탄을 끌어당길 테니까요."

군중의 소란이 잠재워졌다. 마치 심장 소리가 하나 되어 울리는 것 같았다.

잠시 후 군중의 함성과 외침이 시작됐다. "달에 가자.", "달나라 사람을 만나자!"라고 열광적으로 외치기 시작했다. 박수

갈채와 만세삼창도 이어졌다. 사람들은 고함을 지르고, 손뼉을 치고, 발로 마룻바닥을 굴렀다. 달에 간다는 상상에 들뜬 청중들은 바비케인을 번쩍 들어올려 거리로 나갔다.

바깥의 분위기도 흥분 그 차체였다. 사람들은 작은 망원경으로 달을 보았고, 달을 향해 주먹을 뻗기도 했다.

군중은 '바비케인'과 '달나라 만세'를 번갈아 외치며 줄지어 행진했다.

"서연아."

동해가 그사이 다가와 있었다. 이 아수라장에서 동해를 만나다니 정말 반가웠다.

"동해야, 어떻게 된 거야?"

"나야말로 궁금해. 난 의자에 앉아 별을 보고 있었다고."

"아무래도 Q 배지가 작동해서 소설 속으로 이동한 것 같아. 그나저나 너는 바비케인 회장이랑 어떤 사이야?"

"정신을 차려 보니 여기 대포 클럽이었어. 회장님이 달을 보고 있길래, 달 이야기를 하다가 가까워졌어."

"달? 어떤 이야기를 했는데?"

"닐 암스트롱이 아폴론 13호를 타고 달로 간 걸 알려 줬지. 회장님이 진지하게 듣더니 달 포탄 개발 계획을 발표한 거야."

서연은 이제야 돌아가는 상황을 이해할 수 있었다. 전쟁이 끝나고 대포를 개발할 수 없게 된 바비케인 회장이 동해의 말을 듣고 관심을 달로 돌린 것이다.

"백근이와 상백이는? 너랑 같이 있어? 선생님은?"

"나는 백근이랑만 같이 있어."

그때 서연을 부르는 백근의 목소리가 들렸다. 서연이 돌아보자 앞치마를 두른 백근이 웃으며 손을 흔들고 있었다.

"뭐야, 넌 여기서 요리사가 된 거야?"

"어디서든 좋아하는 걸 해야지! 마침 매스턴 대위님도 요리하는 걸 좋아해. 대한민국 음식은 이곳에서도 인기 만점이야."

다행이다. 동해, 백근과 함께라면 노틸러스호에서처럼 이 소설에서도 탈출할 수 있을 것이다. 동해가 물었다.

"서연아, 여기가 소설 속이란 거지? 어떤 소설인지 알아?"

내용은 모르지만, 짐작 가는 소설이 있었다. 지난번 《15소년 표류기》 소설 속을 다녀온 후, 옐로우 큐가 같은 작가가 쓴 《지구에서 달까지》를 읽고 있는 걸 보았다.

"선생님이 〈우주 특별전〉을 연 것도 그렇고, 대포 클럽 회장이 포탄을 달로 보내려는 계획을 한 걸로 봐서 여기는 《지구에서 달까지》 소설 속이야. 책은 읽지 않았지만."

"아쉽네. 내용을 알면 미션 해결이 쉬울 텐데."

"하지만 네가 바비케인 회장을 만난 것은 절대 우연이 아닐 거야. 나에게도 회장을 소개해 줄 수 있지?"

동해가 고개를 끄덕였다. 서연의 배에서 꼬르륵 하고 소리가 났다. 백근이 말했다.

"서연아, 배고프지? 오백근 표 스테이크 해 줄게."

옐로우 큐의 수업노트 01

달과 지구

초5-1 태양계와 별 | 초6-1 지구와 달의 운동 | 중2 태양계

태양계에서 달의 크기는 얼마나 큰 걸까?

달은 지구의 위성이잖아요. 별로 크지는 않을 거예요.

지구에서 보면 태양과 크기가 맞먹잖아.

그건 태양이 멀어서 그렇겠지.

크크, 난 달을 보면 호떡이 생각나!

1. 달의 크기

밤하늘에 보이는 둥근 달. 얼핏 눈으로 보면 태양과 크기가 같아 보여. 일식 때 달이 태양을 딱 맞게 가리는 걸 보면 달은 태양만큼 큰 것도 같아. 실제로 달은 태양과 같은 크기일까? 달은 지름이 약 3,400km야. 이게 도대체 얼마나 큰 건지 잘 모르겠지? 그럼 지구와 비교해 볼까? 지구는 지름이 약 12,800km야. 달의 크기는 지구의 1/4이라는 것을 알 수 있어.

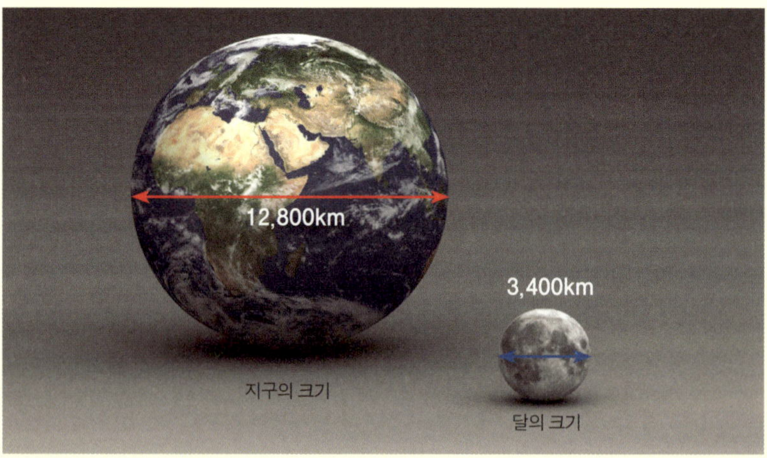

2. 달은 지구의 위성

태양처럼 스스로 타면서 빛을 내는 천체를 별이라고 해. 별 주위를 도는 천체는 행성이라고 부르지. 태양은 8개의 행성을 거느리고 있어. 태양에서 가까운 쪽부터 수성, 금성, 지구, 화성, 목성, 토성, 천왕성, 해왕성이야. 이 행성들 주위를 공전하는 천체를 위성이라고 해. 달은 지구 행성을 도는 위성이야. 위성은 모행성의 중력에 영향을 받아서 공전해.

수성과 금성에는 위성이 없고, 화성에는 2개의 위성이 있어. 2개의 위성이 떠 있는 화성의 밤하늘은 어떨까? 화성의 위성 이름은 포보스와 데이모스야. 각각 가장 긴 지름이 22km, 12km야. 달의 크기와 비교해 보면 작아도 너무 작지. 이건 모행성인 화성이 작아서 그래. 화성의 지름은 약 6,800km야. 포보스와 데이모스는 화성에 딱 어울리는 크기의 위성이지?

태양계

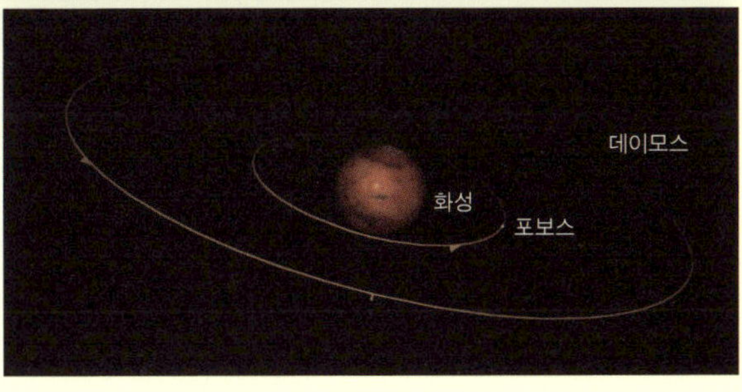

화성과 두 개의 위성

3. 달의 운동

달은 지구와 마찬가지로 스스로 도는 자전 운동과 지구를 도는 공전 운동을 해. 달의 운동 주기는 어떻게 될까? 먼저 지구를 예로 설명해 볼게.

지구의 공전과 자전

공전은 지구가 태양을 한 바퀴 도는 걸 말해. 1년(365일)이 걸려. 원은 360도니까 지구는 태양을 하루에 약 1도씩 이동하는 거지. **자전**은 지구가 스스로 한 바퀴 도는 걸 말해. 24시간 동안 360를 도니까 한 시간에 15도씩 회전해.

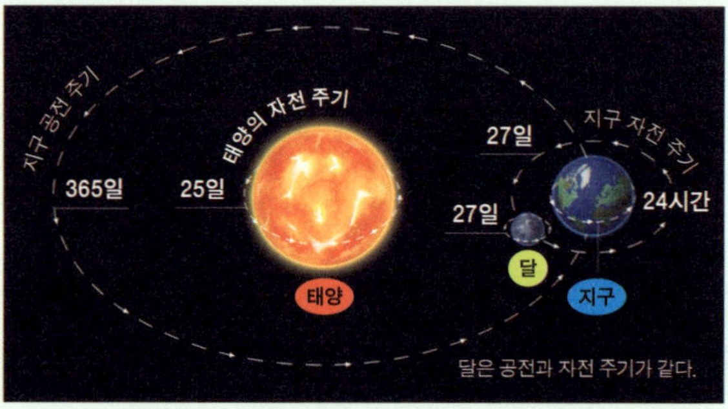

그럼 달의 공전 주기와 자전 주기는 어떨까? 달은 조금 복잡한데 최대한 쉽게 설명해 볼게. 먼저 달의 공전을 생각해 보자. 달의 공전은 항성월과 삭망월 두 가지 경우로 생각해야 해.

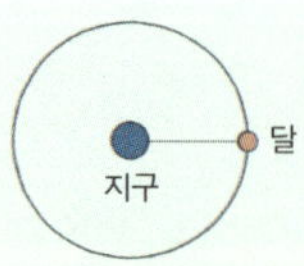

항성월

달이 지구를 돌아 360도를 회전하는 시간으로 27.3일이야. 그럼 달의 공전 주기는? 맞아! 360도를 27.3일로 나누면 하루에 약 13도 이동하는 것을 알 수 있어.

여기에는 문제가 있어. 실제로 달이 지구를 한 바퀴 돌았지만, 지구에서는 달라 보인다는 거야. 태양-지구-달이 일직선으로 배열되었을 때 달은 둥근 보름달로 보여. 그렇다면 보름달에서 한 바퀴(360도) 돌아오면 다시 보름달로 보여야 하잖아? 그런데 그렇지 않다는 거야. 이유는 달이 지구를 공전하는 동안 지구도 태양을 공전하기 때문이야.

달의 항성월인 27.3일 동안 지구는 얼마나 공전했을까? 앞에서 지구는 하루에 1도 이동한다고 했으니 27.3일 동안에는 약 27.3도 공전했지. 그래서 달이 27.3도 만큼 더 이동해야 우리가 다시 보름달을 볼 수 있는 거야. 그럼 보름달에서 다시 보름달이 되는 삭망월은 몇 일일까?

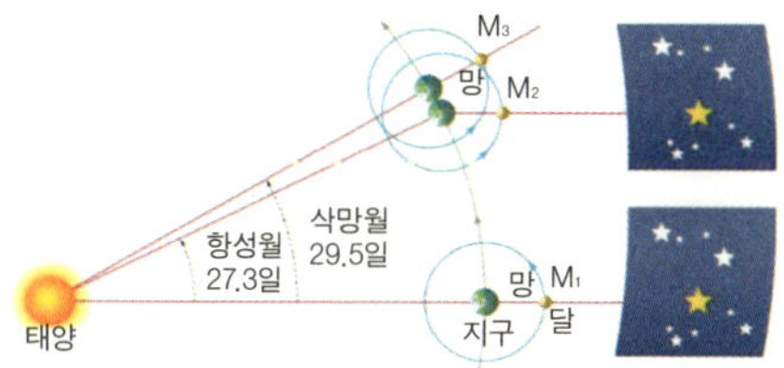

삭망월

달의 공전 속도가 하루에 13도라고 했으니 약 2.2일 후에 다시 보름달이 돼. 그래서 보름달에서 다시 보름달이 되는 삭망월은 29.5일이 되는 거야. 우리가 보통 말하는 음력 한 달이 바로 삭망월이야.

3. 달이 지구를 도는 이유? (만유인력의 법칙)

공을 위로 던졌을 때 바닥으로 떨어지는 건 왜일까? 맞아. 지구의 중력 때문이야. 조금 어려운 질문을 해 볼게. 지구의 중력은 왜 생길까? 빅뱅으로 우주가 처음 만들어질 때부터 질량이 있는 물질은 서로 잡아당기는 만유인력이 생겼어. 여러분과 짝꿍의 머리도 서로 당기고 있단다. 그런데 왜 느끼지 못할까? 뉴턴은 만유인력의 크기가 두 물체의 질량이 커질수록 크게 작용하고, 물체 간의 거리가 멀수록 작게 작용한다고 했어. 만유인력의 값을 구하려면 질량에 만유인력 상수(0.0000000000667)를 곱해야 해. 머리 무게 정도는 만유인력을 느낄 수 없지. 지구나 달처럼 질량이 엄청 커야 느낄 수 있는 거야.

공을 45도 앞으로 던지면 어떻게 될까? 공은 지구의 중력 때문에 포물선 궤적을 그리며 아래로 떨어져. 공을 엄청 세게 던져 우주 밖으로 날아간다면? 공은 지구를 둘러싸는 궤도를 따라 움직여. 지구가 당기지만, 달의 직진 운동 때문에 떨어지지 않고 지구 주위를 도는 거야. 인공위성이 지구 주위를 도는 원리와 같아. 달은 지구가 잡아당기는 힘과 달의 원심력이 같아서 지구를 돌고 있는 것이지.

2 하버드 대학 천문대에서 온 편지

다음 날 오후가 되서야 서연은 바비케인 회장을 만날 수 있었다. 응접실 소파에 앉아 있는 그는 피곤해 보였다. 아마 밤늦게까지 사람들에게 끌려다녔을 것이다.

동해와 서연은 바비케인의 맞은편에 앉았다.

"회장님, 제 친구 민서연입니다. 오백근과도 친구죠."

바비케인이 서연을 한참 동안 유심히 보다가 말을 건넸다.

"자네도 달에 갈 수 있다고 생각하는가?"

"로켓이 있다면 갈 수 있죠."

서연이 야무지게 대답했다.

"어제 발표회장에서도 그렇게 말했다지? 천동해 군도 로켓을 말하던데, 그게 뭔가?"

"연료를 태워서 공기를 내뿜는 힘으로 나아가는 장치죠."

"엔진을 말하는 것이군."

"맞아요. 작용과 반작용의 원리죠."

"엔진이라! 그 약한 것으로 달까지 간다고? 말이 안 돼. 대포 정도 되어야 달까지 갈 수 있어."

바비케인은 로켓의 원리를 잘 알지 못하는 게 분명했다.

"민서연이라고 했나? 자네는 달이 얼마나 먼지 아는가?"

달까지의 거리는 알지 못했다. 하지만 빛의 속도로 갔을 때 걸리는 시간을 책에서 본 적이 있었다.

"빛의 속도로 약 1.3초 걸리죠."

바비케인은 제법이라는 듯 미소를 지었다.

"맞아. 빛의 속도가 초속 30만km이니 1.3초면 약 38만km가 되지. 달에 대해 또 아는 것이 있는가?"

"달의 중력은 지구의 6분의 1이죠. 질량이 60kg인 사람은 달에서는 10kg이 되죠."

서연은 해양 박물관에서 옐로우 큐가 알려 준 것을 말했다. 이 시대라면 달의 중력은 전문가만 알 것이다.

"어린 나이에 달의 중력을 알다니! 또, 또 무엇을 아는가?"

서연은 바비케인의 뒤에 걸린 달 사진을 보았다. 서연은 손가락으로 사진을 가리키며 말했다.

"저 검은 곳은 크레이터, 달로 떨어진 운석의 구덩이죠."

바비케인이 자리에서 벌떡 일어나며 말했다.

"틀렸어. 저건 화산이야. 달은 화산이 폭발해서 생겨났지."

이 시대 사람들은 달의 크레이터가 화산 지형이라고 생각한 것이다. 바비케인은 한동안 골똘히 생각하더니, 소파에 털썩 주저앉으며 혼잣말을 했다.

"자네 말이 맞을 수도 있어. 운석이 충돌해도 저런 모양이 생길 거야. 달에 가 보고 싶군. 내 눈으로 직접 확인하고 싶어."

바비케인은 결심한 듯 손뼉을 한 번 치며 말했다.

"좋아, 서연 양. 동해 군과 함께 내 실험을 도와주게. 자네들의 과학 지식이 내게 필요하다네."

서연과 동해가 서로 마주 보았다. 이건 미션이다!

"좋아요. 우리가 할 수 있을 만큼 돕겠어요."

그때였다. 문을 박차고 작고 통통한 남자가 뛰어 들어왔다. 뒤이어 백근이 따라왔다. 백근은 손을 흔들며 반가워했다.

"매스턴 대위, 어쩐 일인가?"

"회장님, 왔어요! 기다리던 소식이 왔어요."

남자가 흥분해서 말했다.

"저 사람은 누구야?"

서연이 동해에게 귓속말로 물었다.

"대포 클럽의 간사 매스턴 대위야. 요리가 취미라서 백근이랑 친해졌어."

"매스턴, 제대로 말해 보게."

"여기 하버드 대학 천문대에서 회신이 왔다고요."

매스턴 대위가 편지를 흔들어 보이며 말했다. 전쟁 중에 사고가 있었는지 왼손이 갈고리였다.

"오! 정말인가?"

바비케인이 다소 긴장한 표정으로 편지를 받아 들고 모두가 듣도록 소리 내어 읽었다.

"친애하는 바비케인 씨, 당신이 대포 클럽의 이름으로 보낸 질문에 답을 하겠습니다."

바비케인이 편지를 읽다가 서연에게 말했다.

"미국 최고의 천문대에 미리 자문을 구했지."

옆에서 매스턴 대위가 갈고리 손을 연신 흔들었다.

"역시, 회장님답습니다. 그러니 빨리 다음을 읽어 주세요."

질문 1 포탄을 달로 보낼 수 있는가?

답변 1 초속 12km 속도의 대포라면 가능합니다.

중력은 거리의 제곱에 반비례합니다. 포탄이 지구를 떠나 거리가 3배 멀어지면 중력은 9분의 1로 줄어듭니다. 지구를 떠난 포탄이 지구와 달의 질량을 고려한 지점, 즉, 52분의 47 지점에 가면 무중력 상태에 도달합니다. 이때부터 포탄의 무게가 급속이 줄어들고 포탄은 달의 인력으로 인해 달로 떨어질 것입니다.

"옳거니! 우리는 달 포탄 개발을 성공할 거예요. 충분히 커다란 대포를 만들면 말입니다."

백근이 매스턴 대위의 팔을 잡아 소파에 앉혔다.

"대위님, 편지는 이제 시작이에요."

매스턴 대위가 멋쩍게 웃었고, 바비케인이 백근에게 고맙다는 눈빛을 보내고 다시 편지를 읽었다.

질문 2 지구와 달의 거리는 정확히 얼마인가?

동해가 손을 번쩍 들었다.

"그건 서연이가 아까 말했었죠? 38만km요."

"38km는 평균 거리야. 달은 타원 운동을 하니까."

서연의 말에 바비케인이 수염 속 입술을 앙다물고는 고개를 끄덕였다.

"맞네. 달로 포탄을 쏘려면 아주 정밀한 수치가 필요하지. 천문대에서 정확한 답을 주었다네."

답변 2 지구와 달이 가장 멀어진 지점의 거리는 405,696km이며, 가장 가까워진 지점은 363,104km입니다.

"우리는 지구와 달이 가장 가까워진 지점에서 포탄을 발사할 걸세. 세 번째 질문은 달까지 가는 데 걸리는 시간이야."

이번에는 매스턴 대위가 손을 들었다.

"초속 12km로 포탄을 날릴 거니까, 가까운 지점의 거리를 초속으로 나누면 약 아홉 시간이 걸리지요."

"하지만 그 속도를 유지시킬 수는 없네. 포탄은 점점 느려질 거야. 하지만 걱정 말게. 여기 천문대에서 답을 주었어."

질문 3 지구에서 달까지 가는 데 시간이 얼마나 걸리나?

답변 3 지구와 달의 인력이 평형을 이루는 곳까지 30만 초입니다. 그곳에서 달까지는 5만 초입니다. 두 거리의 시간의 합은 총 35만 초입니다. 그러므로 포탄이 달까지 가는 시간은 97시간 13분 20초입니다.

서연은 계산이 정확한 것에 놀라며 동해에게 말했다.

"자동차도 없는 시대인데 계산이 정확해!"

"뉴턴이 만유인력을 발견하고 200년이 지난 때야. 행성의 운동 정도는 정확히 계산할 수 있었겠지."

"천동해, 제법인데! 그렇다면 언제, 어디서 대포를 쏴야 하는지도 저들이 알까?"

서연의 질문에 대답이라도 하는 듯 바비케인 회장이 편지를 읽어 내려갔다.

매스턴 대위가 놀라서 펄쩍 뛰었다.

질문 4 달로 포탄을 쏠 가장 좋은 위치와 시간은?

답변 4 달이 우리의 머리 위, 즉 천정에 올 때 대포를 쏘는 것이 유리합니다. 위치는 위도 0도에서 28도 사이, 날짜는 12월 4일 자정이 그때입니다.

“두 달도 안 남았잖아!”

아니다. 시간은 더 없다. 분명히 편지에는 97시간 13분 20초가 걸린다고 했다. 서연이 날짜를 계산했다. 정확히는 12월 4일 자정에서 4일 1시간 13분 20초 전이다.

“남은 시간은 그보다 더 짧아요. 포탄이 날아가는 시간을 계산하지 않았잖아요. 우리는 11월 30일, 밤 10시 46분 40초에 포탄을 쏴야한다고요.”

바비케인은 만족스러운 표정을 지었다.

“후후후, 똑똑하군. 자, 들었지? 모두 서둘러야 할 거야.”

매스턴 대위 옆에 서 있던 백근이 천진하게 웃으며 말했다.

"다음 달에 쏴요. 한 달 후면 달이 같은 자리로 오잖아요?"

"백근 군! 자네의 재능은 역시 요리야. 그 대답은 동해 군에게 들어 보세."

"백근아, 보름달일 때 월식이 나타나지만, 매달 보름에 월식이 생기는 건 아니야. 달의 위치는 계속 변하거든."

"역시, 내가 달 포탄 실험의 팀원을 잘 뽑았군. 포탄을 쏘는 최적의 시간을 놓치면 18년 후에나 그 순간이 돌아온다고 하버드 천문대가 편지에 써 놓았다네."

"18년을 기다릴 수는 없지! 이번에 반드시 달에 포탄을 보낼 것이다. 가자!"

매스턴 대위가 일어나 갈고리 손을 높이 쳐들며 외쳤다. 그러고는 백근과 손을 맞잡고 방방 뛰면서 달로 포탄을 쏘아 올리자고 소리쳤다.

바비케인은 표정 없이 둘을 바라보았지만, 이글거리는 눈에는 반드시 포탄을 달로 보내겠다는 강의 의지가 보였다.

해가 진 후 팀원들은 대포 클럽 건물 옥상으로 올라갔다. 옥상에 설치해 둔 천체 망원경으로 달을 보기 위해서였다.

"보름달은 어제 떴지만, 오늘도 둥근 달을 볼 수 있을 거야."

어두워진 하늘 저편에 약간 찌그러진 둥근 달이 올라오고 있었다. 인공 조명이 없는 도시 하늘에 달과 별이 또렷이 빛나고 있었다.

"왜 이렇게 안 맞춰지는 거야? 백근 군, 여기를 조절해 봐."

매스턴 대위가 갈고리 손으로 가리키는 곳을 백근이 열심히 조절했지만, 달이 보이지는 않았다. 바비케인이 천체 망원경을 살피더니 망원경 렌즈의 덮개를 가리켰다.

"이보게, 매스턴. 렌즈 덮개를 열어야 보이지 않겠나?"

"앗! 나의 실수!"

매스턴 대위가 멋적게 웃었다. 바비케인이 천체 망원경을 달을 향해 맞추었다.

"자, 한 명씩 차례차례 보시게."

눈 안에 꽉 차는 달을 보며 저마다 감탄을 연발했다. 동해가 서연에게 망원경을 양보했다.

"서연아 먼저 봐. 난 하늘의 별을 보고 있을게."

서연은 고맙다고 말하고 망원경에 눈을 댔다. 커다랗고 노란 달이 눈에 들어왔다. 천체 관측을 한 적이 있었지만, 이렇게 커다란 달은 처음 보았다. 약간 기울어졌지만 토끼가 절구를 찧고 있는 모습이 선명히 보였다.

"크레이터와 어둠의 바다가 선명해요. 정말로 토끼가 절구를 찧고 있어요."

한걸음 물러나 팔짱을 끼고 있던 바비케인이 다가왔다.

"토끼라고?"

서연은 하늘의 달을 손가락으로 가리켰다.

"네, 저기 토끼 모양이잖아요."

"특이하군. 여성의 모습이 아니고?"

"우리나라에서는 옛날부터 토끼 모양이라고 했어요."

"동양과 서양은 같은 달을 보면서도 생각이 다르군. 그나저나 어두운 곳이 바다라고?"

"바다라고 부르지만 사실 지대가 낮은 곳이에요. 그래서 어둡게 보이는 거죠."

"음…… 정말 똑똑해! 그럼 달은 어떻게 생겨난 것인가?"

망원경을 보고 있던 동해가 고개를 들고 대답했다.

"원시 지구와 원시 행성체의 대충돌로 달이 생겨난 거죠."

동해는 달의 생성 기원을 유창하게 설명했다.

"44억 7천만 년 전, 원시 지구가 생겨날 때 달도 같이 만들어졌어요. 달은 지구와 아슬아슬하게 빗겨 충돌했어요. 그때 달이 지구의 중력에 붙잡힌 겁니다."

바비케인은 충격을 받았는지 입을 살짝 벌렸다.

"아닐세, 아니야. 달은 지구와 동시에 생겼거나, 혜성처럼 지구 옆을 지나가다가 지구의 인력에 붙잡힌 것이야."

"증거도 있어요. 달은 조금씩 지구에서 멀어지고 있어요. 대충돌 이후에 조금씩 멀어지면서 공전하고 있죠."

"지금은 그것을 정확히 측정할 수 없다네."

"언제가는 측정할 수 있겠죠."

"믿기 어렵지만, 자네의 말은 내 머릿속에 새겨 두겠네."

그때 매스턴 대위가 끼어들었다.

"바비케인, 내 친구 백근이 보름달 빵을 개발할 것입니다."

"갑자기 달을 보다가 빵 이야기인가?"

"달 포탄을 제작하려면 막대한 자금이 있어야 하죠. 발사 실험을 알릴 때 보름달 빵을 나눠 주면서 기금 모금을 독려하면 좋겠습니다."

바비케인은 잠시 골똘히 생각했다.

"자금 마련을 미처 생각하지 못했군. 보름달 빵이라니! 좋은 생각이야. 기금 모금을 위해 자네가 백근 군과 애써 주게."

"들었는가, 백근 친구?"

매스턴 대위의 말에 백근이 자신의 가슴을 팡팡 쳤다.

"넵! 맡겨만 주세요."

서연은 하늘을 올려다보았다. 밤 하늘을 가로지르는 별 무리가 아름다웠다. 말로만 들었던 은하수다. 넋을 잃고 은하수를 보다가 자기도 모르게 한숨을 폭 내쉬었다. 동해가 다가와 서연의 옆에 섰다.

"걱정 마. 너랑 나, 백근이는 해양 박물관 전설의 노틸러스호에서도 살아 나왔잖아."

"그랬지. 하지만 그때는 옐로우 큐 선생님이 함께 계셨잖아. 더군다나 지금은 Q 배지도 없어."

동해는 손가락으로 하늘을 가리켰다.

"내가 바다 좋아하는 거 알지? 저 우주가 마치 바다 같아. 노틸러스호를 타고 바다를 누빈 것처럼 우주를 항해하고 싶어!"

"그건 우주선이 개발되고 난 다음의 이야기야. 지금 시대는 비행기조차 없어. 동해야, 설마 이번 미션이 달로 가는 여행이라고 생각하는 건 아니지? "

동해가 활짝 웃어 보였다. 두 눈은 우주에 대한 동경으로 빛이 났다. 동해는 바비케인의 계획에 푹 빠져 있는 것 같았다.

옥상 한편에서 백근은 매스턴에게 보름달 빵의 레시피를 설명하느라 시끄러웠다. 바비케인은 골똘히 생각에 잠겨 있었다.

그들의 모습을 보고 있자니 서연은 또다시 불안해졌다. 상백이 있었더라면 어땠을까? 모두에게 화를 내며 이 이상한 프로젝트를 중지시키지 않았을까?

한숨을 내쉬며 다시 하늘을 올려다보았다. 자신이 알고 있는 과학 지식을 호들갑스럽게 설명하는 옐로우 큐의 얼굴이 둥근 달과 겹쳐 보였다.

'옐로우 큐 선생님. 이 하늘 아래 어디에 계신 건가요?'

옐로우 큐의 수업노트 **02**

천문대와 망원경

초5-1 태양계와 별 | 초6-1 지구와 달의 운동 | 중3 과학 기술과 인류 문명

천체 망원경의 성능은 어떻게 결정될까?

천체 망원경은 어디에 설치될까?

보통 천체 망원경은 산 위에 설치되는 것 같아.

가장 높은 빌딩을 짓고, 그 위에 설치하면 안 되나?

1. 천문학

천문학은 하늘 위 우주를 연구하는 학문이야. 별, 행성, 은하로 이루어진 우주의 구조, 천체의 현상, 다른 천체와의 관계, 우주의 마이크로파를 연구하는 자연 과학의 한 분야지. 천문학의 역사는 오래되었어. 선사 시대에도 인간은 해와 달, 별의 움직임에 관심이 있었지. 하늘의 별을 보며 국가의 길흉을 점치는 역학은 엄밀히 말하자면 과학이 아니지만, 이렇게 시작된 관심이 천문학의 발달을 가져왔어.

2. 천문대

사람들은 오래전부터 별과 천체를 관측하기 위해 천문대를 세웠어. 고고학자들은 영국의 스톤헨지나 중국의 덩펑 관성대, 페루의 찬킬로 같은 고대 유적지가 별을 관측하는 천문대였을 거라고 추정하고 있어. 1637년 크리스티안 4세가 덴마크 코펜하겐에 세운 천문대 룬데토른은 일반인에게도 개방하고 있어.

영국의 고대 유적 스톤헨지

고대 신라의 첨성대

첨성대는 원형이 남아 있는 우리나라 고대 천문대야. 633년(선덕 여왕 2년)에 건립했어. 고대 국가에서 태양, 달, 행성의 운행을 관찰하여 국가의 길흉을 점치는 일은 아주 중요한 일이었어. 벽돌을 원형으로 쌓아 만들고, 가장 위쪽에 사각형 구조를 얹은 것은 '하늘은 둥글고, 땅은 네모지다.'라는 고대 동양의 세계관 '천원지방'을 표현한 거야. 첨성대를 만든 365개의 돌은 1년 365일을 나타냈을 거라 추측하고 있어.

3. 천체 망원경의 역사

망원경은 1608년 네덜란드의 안경 제조자 한스 리퍼세이Hans Lippershey가 처음 발명했다고 전해져. 안경과 망원경은 모두 볼록 렌즈로 만드니까, 망원경의 원리를 생각할 수 있었을 거야.

한스 리퍼세이와 그가 발명한 망원경

본격적으로 천체 망원경을 제작한 사람은 이탈리아의 과학자 갈릴레오 갈릴레이Galileo Galilei야. 갈릴레이는 천체 망원경으로 목성의 위성 4개를 발견했고, 토성의 고리와 금성의 상 변화도 관찰했어. 이후 과학자 케플러와 뉴턴이 더 멀리 있는 별을 더 선명하게 확대해서 볼 수 있는 천체 망원경을 발명했지.

이탈리아의 과학자 갈릴레오 갈릴레이

4. 천체 망원경의 성능

천체 망원경의 성능은 빛을 모으는 능력에 달려 있어. 우주 저 멀리에서 오는 매우 약한 빛까지 모아야 우리가 눈으로 천체를 관찰할 수 있지. 그러려면 렌즈가 커야 해. 렌즈가 크면 클수록 많은 빛을 모을 수 있기 때문이야. 천체 망원경에서 빛을 모으는 것은 렌즈나 혹은 거울이야. 우리가 일반적으로 알고 있는 망원경은 렌즈를 사용하는 굴절 망원경이지만, 오목 거울로 빛을 모으는 반사 망원경도 있어. 두 망원경의 장단점을 알아보자.

굴절 망원경 가장 역사가 오래된 망원경이야. 갈릴레이가 사용한 망원경도 이 망원경이지. 반사 망원경과 가장 큰 차이는 볼록 렌즈로 빛을 모은다는 점이야.

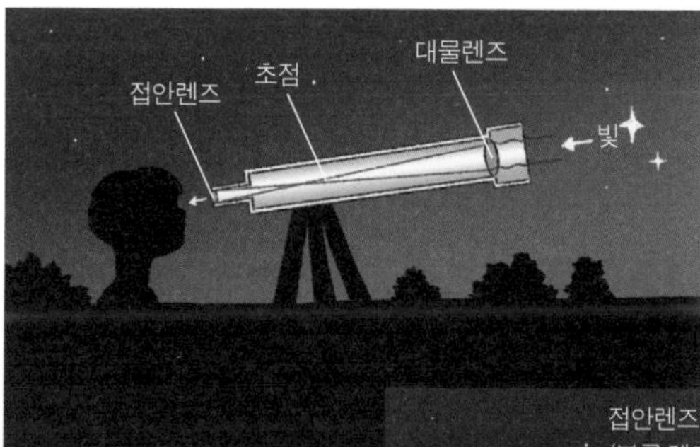

굴절 망원경
장점 같은 구경의 반사 망원경보다 선명하게 보인다. 망원경이 향하는 곳이 관측 방향.
단점 색상이 번진다. 구경이 클수록 가격이 몇 배로 비싸진다.

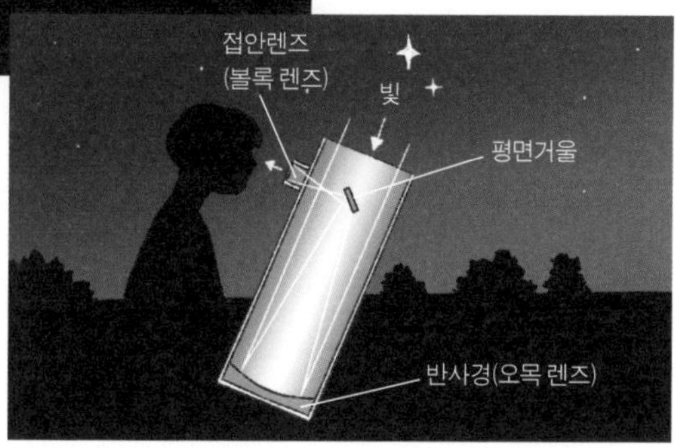

반사 망원경
장점 색상이 번지는 색수차가 없다. 가격 대비 구경을 크게 만들 수 있다.
단점 빛을 모으는 데 손해를 본다. 망원경이 향하는 방향이 관측 방향과 다르다.

반사 망원경 오목 거울로 빛을 모으는 망원경이야. 과학자 아이작 뉴턴이 발명했지. 역사가들은 니콜로 주치, 제인스 그레고리 등이 고안했다고 하지만, 실제로 작동하도록 만든 것은 바로 뉴턴이야.

3 로켓이어야 한다

밖이 시끄러웠다. 대포 클럽에 누군가 방문한 것 같았다. 매스턴 대위가 뒤뚱거리며 뛰어 들어왔다.

"밖에 웬 소란인가?"

"회장님, 어떤 사람이 찾아와서 자신이 달로 가는 대포, 아니 로켓을 만들 수 있다고 합니다."

매스턴 대위는 말하면서 손가락을 머리에 대고 돌렸다. 정상이 아닌 사람이라고 표현하는 것이었다.

"액체 연료니, 고체 연료니 하고 있어요."

"로켓? 연료? 포탄과 화약이 아니고?"

"그러니 이상하죠. 옷을 입은 모양새도 이상해요."

"옷차림이 이상하다고?"

"네, 머리부터 발끝까지 노란색 옷을 입고 있어요."

서연은 노란색 옷이라는 말에 벌떡 일어났다.

"옐로우 큐 선생님!"

"아는 사람인가?"

"네, 회장님. 그분은 우리 선생님이세요."

바비케인이 동해를 돌아보았다. 하지만 웬일인지 동해는 인상을 찌푸리며 말했다.

"회장님, 그냥 모른 척하세요."

동해의 반응에 놀란 서연이 날카롭게 째려봤다.

"동해, 너 뭐야? 왜 이래?"

"지겨워."

"지겹다니, 뭐가?"

"난 바비케인 회장님이 좋아. TMI 옐로우 큐는 싫다고."

"그게 무슨 소리야? 너, 현실로 돌아가지 않을 거야?"

"응, 난 그냥 여기 있을래. 회장님이랑 여기서 지낼 거야."

"정신 차려, 이 바보야. 여기는 소설 속이라고!"

"소설 속이면 어때? 나를 인정해 주는 사람은 바비케인 회장님뿐이라고."

서연은 머리끝까지 화가 치밀어 올라서 손에 잡히는 걸 집어 던졌다. 그것은 포물선을 그리며 날아가서 동해의 얼굴을 강타했다.

"으악!"

동해의 외마디 비명에 서연이 눈을 떴다. 천장에 대포 모양의 장식이 매달려 있는 게 보였다.

"후유, 꿈이구나. 동해야, 괜찮아?"

서연이 던진 베개를 맞고 동해가 얼굴을 찡그리며 눈을 부시시 떴다. 서연은 침대에서 내려와 동해를 살피고, 코를 골면서 자는 백근을 흔들어 깨웠다. 백근은 눈을 반쯤 뜨고 서연을 보더니 꿈에서 깬 걸 아쉬워하며 말했다.

"음냐, 삼겹살을 먹고 있었는데……."

"백근아, 너는 걱정이라고는 없니? 고민이 없어?"

"왜 없어? 요리에 어떤 양념을 쓸지 늘 고민하지."

서연은 자나 깨나 먹는 생각만 하는 백근 때문에 기운이 쭉 빠졌다. 하지만 지금은 이럴 때가 아니다.

"얘들아, 모여 봐. 우리 현실로 돌아갈 방법을 궁리해 보자."

서연의 말에 동해와 백근이 소파로 와서 앉았다. 서연이 먼저 입을 열었다.

"동해야, 우주 박물관 별자리 관찰 돔에서 있었던 일을 기억나는대로 말해 봐."

"돔 천정을 올려다보며 별자리를 찾고 있는데, 갑자기 강한 빛이 비쳐서 눈을 감았어. 그리고 눈을 떠 보니 이곳이었어."

서연은 백근을 돌아보았다.

"백근아, 넌 뭐 기억나는 것 없어?"

백근이 어깨를 으쓱 올렸다 내리며 말했다.

"우렁찬 목소리가 들렸지. 광대한 우주를 보라나? 푸른 별 지구를 보라고도 했어."

그 소리는 서연도 들었다. 무심코 내뱉은 말이 Q 배지를 작동시켰을 때, 멀리 있던 동해와 백근도 소설 속으로 끌려온 것이다. 그렇다면 상백과 옐로우 큐도 소설 속에 있을 것이다.

"서연아, 무슨 생각을 그렇게 해?"

서연은 동해에게 상백과 옐로우 큐의 행방에 관해 의논하기가 꺼려졌다. 비록 꿈이었지만 상백에게 나쁜 감정을 가지고 있는 동해가 옐로우 큐에게마저 적개심을 보였기 때문이다. 그럴 리 없다고 생각하면서도 서연은 입이 떨어지지 않아서 화제를 돌렸다.

"별일 아니야. 그나저나 동해 너, 달 충돌에 관한 것도 알고 말이야. 과학 공부 많이 했나 봐?"

"우주에 관심이 생겨서 이런저런 책을 읽고 있었지. 바다와 우주는 많이 닮았거든. 바닷속을 헤엄치는 물고기와 우주를 떠다니는 혜성들이 닮았어. 아직 밝혀지지 않은 미지의 영역이 있는 것도 같고 말이야."

동해의 눈이 반짝였다. 그저 바비케인을 추앙해서 그런 거라고 생각했는데 동해는 진심으로 우주를 동경하고 있었다.

"우주에서는 어떤 음식을 먹을까? 얘들아, 배고프지 않아? 1865년 미국 스테이크는 끝내줘. 또 먹고 싶다!"

백근이 불룩한 배를 문지르며 말했다. 어쩜 시도 때도 없이 먹는 생각을 하는지? 게다가 눈뜨자마자 스테이크라니! 서연은 헛웃음이 나왔다.

"풋, 백근아 아침 메뉴로 스테이크는 느끼하지 않아?"

"내 특제 양념을 뿌리면 깔끔한 스테이크를 즐길 수 있어. 그치, 동해야?"

동해가 백근의 어깨에 팔을 두르며 말했다.

"맞아, 백근 요리사. 나 배고파! 맛있는 거 해 주라."

잔뜩 예민해 있던 서연은 동해와 백근 덕분에 긴장이 풀어졌다.

식당에는 바비케인 회장과 매스턴 대위가 먼저 와서 아침을 먹고 있었다. 매스턴 대위가 반가워하며 인사를 건넸다.

"오! 학생들, 어서와. 백근 요리사도 왔군."

백근이 웃으며 달려가 매스턴 대위의 옆에 앉았고, 서연과 동해도 인사하고 자리에 앉았다. 바비케인이 덥수룩한 수염을 쓰다듬고 말했다.

"어린 친구들, 마침 잘 왔네. 식사를 마치고 대포 제작 방법을 논의할 거라네. 자네들도 참석해서 의견을 나눠 주게."

동해와 서연은 서로 마주 보고는 눈빛을 교환했다. 그러고는 힘차게 고개를 끄덕였다. 지금껏 소설 속에서 닥치는 일을 열심히 따라가다 보면 어느새 미션이 완료되곤 했다.

대포 클럽 전속 요리사가 음식을 담은 접시를 가져다주었다. 구운 머핀과 베이컨, 스크램블드에그가 커다란 접시 위에는 넉넉히 올려져 있었다.

"우와, 정통 아메리칸 브랙퍼스트야!"

백근은 허리에 찬 양념통을 한번 훑더니 통 하나를 꺼냈다.

"좋아. 오늘은 히말라야 소금과 인도 후추, 너희로 정했어."

백근이 자신의 접시 위에서 양념통을 흔들자 검붉은 가루가 눈 오듯 떨어졌다. 그 모습을 본 매스턴 대위가 자신이 들

고 있는 소금 통을 내려놓고는 백근에게 손을 내밀었다.

"백근 요리사, 나도 주게나. 자네 요리는 꽤 맛있거든."

"물론이죠, 대위님."

매스턴 대위가 백근을 따라 요리에 양념을 뿌렸다. 그러고는 커다란 포크로 베이컨을 찍어 입에 가져갔다.

"기막힌 향신료야. 회장님도 드셔 보세요."

허리를 곧게 펴고 포크와 나이프로 식사를 하던 바비케인이 엄숙하게 말했다.

"으흠. 매스턴 대위, 우리 조금 점잖게 식사합시다."

"언젠가는 회장님도 백근의 요리에 감탄할 날이 올 겁니다."

"매스턴 대위, 자네는 우리 달 포탄 실험 실행 위원회의 간사 겸 서기라는 것을 잊지 마시게."

바비케인의 말은 진중하게 굴라는 뜻이었다. 서연은 웃음이 나왔다. 뚱뚱한 옆집 아저씨 같은 매스턴에게 진중함은 어울리지 않기 때문이다. 매스턴 대위는 남북 전쟁에서 한 손을 잃고 두개골에 부상을 입었다고 했다. 불행한 사고를 당했지만, 천성이 명랑하고 아이 같았다. 갈고리 손으로 고무 머리를 긁을 때는 마치 귀여운 로봇 같아 보였다.

"다른 실행 위원들은 오셨을까요?"

매스턴이 바비케인에게 물었다.

"지금 거실에서 차를 마시며 우리를 기다리고 있소."

"그래요? 그럼 빨리 식사를 마칩시다. 위대한 달 포탄 개발을 논의해야지요."

거실 테이블에는 군복을 차려입은 두 사람이 앉아 있었다. 바비케인이 다가가 인사했다.

"오래 기다리셨습니다. 모건 장군님, 엘피스턴 소령님."

이 군인들은 남북 전쟁에서 활약한 대포 클럽 회원으로 모건 장군은 한쪽 다리가 나무 의족이고, 엘피스턴 소령 옆에는 목발이 놓여 있었다. 남북 전쟁으로 얻은 영광의 상처라고 했지만, 전쟁의 참혹함이 그려져 서연은 인상을 찌푸렸다. 손발을 잃고도 무기 개발에 진심인 모습을 보니 씁쓸했다. 다행인 것은 바비케인 회장이 만들려는 포탄이 사람을 해치는 무기가 아니라는 점이다. 이번 바비케인의 달 포탄 개발은 과학기술과 인류 문명 발달에 도움이 될 것이었다.

하얀 수염이 얼굴 전체를 뒤덮고 있는 모건 장군이 서연과 아이들을 훑어보며 고압적인 태도로 물었다.

"바비케인 회장, 저 핏덩이들은 무엇이오?"

동해의 얼굴이 붉어졌다.

"우리는 풋덩이, 꼬맹이가 아니라고요."

우주 박물관에서 상백과의 충돌이 떠올랐는지 동해가 주먹을 불끈 쥐며 대들었다. 백근은 모건 장군의 시선을 피해 매스턴 대위의 뒤로 가 숨었다.

바비케인이 동해의 어깨에 손을 올리고는 모건 장군에게 말했다.

"하하하, 장군님. 이래 봬도 이 아이들은 과학 지식이 상당합니다. 달 포탄 실험에 이들을 참여시키는 것에 앞서 장군님과 소령님께 동의를 구하는 바입니다."

엘피스턴 소령이 들고 있던 찻잔을 내려놓으며 물었다.

"자네들이 달에 관해 알고 있는 걸 말해 보게. 이번 실험에 참여할 자격이 있다는 걸 증명해 보여야 할 거야."

바비케인이 턱짓으로 대답하라고 했다. 서연은 그동안 읽어 왔던 과학 책을 머릿속으로 훑다가 하나를 생각해 냈다.

"우리가 달의 한쪽 면밖에 볼 수 없는 이유는 달의 공전 속도와 자전 속도가 같기 때문이에요."

동해가 한 걸음 나섰다. 서연을 도우려는 거였다.

"달이 지구를 한 바퀴 도는 항성월은 27.3일이에요. 하지만 보름달에서 다음 보름달까지인 삭망월은 29.5일이지요. 달이 지구를 공전하는 동안 지구도 태양을 공전하기 때문에 차이가 나는 거예요."

엘피스턴 소령이 바비케인 회장을 돌아보았다.

"맞소?"

바비케인이 감격한 표정으로 대답했다.

"요즘 세상에 달에 관해 저 정도 아는 자가 드물죠."

모건 장군과 엘피스턴 소령은 대포와 포탄 말고는 딱히 아는 게 없어 보였다.

바비케인이 모두를 둘러보았다.

"여러분은 달나라의 낮과 밤이 며칠인 줄 아십니까?"

모건 장군이 어깨를 으쓱 올렸다.

"달나라의 낮과 밤이 이번 실험과 관련 있소?"

"장군님, 이번에는 달에 포탄만을 쏠 거지만, 언젠가는 달에 발을 내디딜 날도 있을 것 아닙니까?"

"그런 꿈 같은 일이 일어날까?"

"우리가 함께 힘을 모으면 가능하죠."

바비케인은 동해를 돌아보았다.

"동해 군은 알고 있나? 달의 낮과 밤의 길이 말이야."

동해가 서연에게 도와 달라는 눈빛을 보냈다. 이건 서연에게도 어려운 문제였다. 하지만 곰곰이 생각하니 간단한 수학으로 해결할 수 있을 것 같았다.

서연은 동해에게 낮은 소리로 말했다.

"동해야, 아까 말한 항성월이 뭐야?"

"말 그대로 달이 지구를 한 바퀴 도는 평균 시간이야."

낮과 밤은 태양이 만든다. 태양이 있으면 낮, 없으면 밤이다. 달은 27.3일에 한 바퀴 자전하니까 달의 하루는 27.3일이다.

"달의 하루는 27.3일이에요. 낮은 13.6일 정도 되겠네요."

바비케인이 박수를 쳤다. 그러고는 모건 장군과 엘피스턴 소령을 돌아보았다.

"어떻습니까? 비록 나이는 어릴지라도 여기에 앉을 자격이 충분하다고 저는 생각합니다만."

모건 장군과 엘피스턴 소령이 말없이 고개를 끄덕였다. 이에 신이 난 매스턴 대위가 백근을 잡아끌었다.

"환영합니다, 어린 친구들. 백근 요리사는 늘 여기 내 옆에 앉아라."

아이들은 비로소 실행 위원이 되어 달 포탄 개발에 참여할 수 있게 되었다. 바비케인 회장이 즉시 회의를 시작했다.

회의 안건 1 : 포탄과 대포의 크기와 무게는?

“동지 여러분, 우리는 먼저 두 가지를 결정해야 합니다. 달로 보낼 포탄과 그 포탄을 쏠 대포의 적정한 크기와 무게를 논의합시다.”

매스턴 대위가 “탄도학, 탄도학.”이라고 소리쳤다. 탄도학은 물체가 공중에서 움직이는 과정을 연구하는 것으로, 무기 개발과 우주 과학 분야에 중요한 학문이다.

“포탄이 달에 도착하게 하려면 대포와 포탄 둘 모두 상당한 규모로 만들어야 하겠죠?”

“저요! 회장님, 제가 드릴 말씀이 있어요.”

매스턴 대위가 갈고리 손을 공중에 흔들었다.

“먼저 포탄을 생각해야 합니다. 우리의 포탄은 살상용 무기와는 다른 포탄이기 때문입니다.”

“옳소. 나는 수학적이고, 도전적인 포탄을 고려할 것이오.”

“회장님, 포탄이 얼마나 커야 하죠? 얼마나 커야 달까지 날려 보낼 수 있을까요?”

“진정하게, 매스턴. 우리는 포탄을 초속 12km로 보내야 해. 그 해결책은 대포 전문가인 모건 장군께서 답해 주실 거네.

그렇죠? 모건 장군님, 대포가 낼 수 있는 초속도에 대해 말씀해 주시겠습니까?"

모건 장군이 의족을 바닥에 쿵하고 찍으며 입을 열었다.

"나는 대포 실험 부대 소속으로 전쟁을 치뤄서 잘 알고 있소. 사정거리가 5km인 달그렌 포는 50kg 포탄을 초속 500m의 속도로 날려 버렸소."

"해밀턴 요새에서 실험한 콜럼비아드 대포는 어떻습니까?"

"더 강했소. 500kg 포탄을 초속 800m로 날렸지."

"우리는 포탄의 속도를 15배 끌어 올려야 합니다."

"탄도학으로 계산할 수 있소. 포탄은 얼마나 커야 하지요?"

모건 장군이 바비케인에게 물었다.

"포탄이 달에 도착한 것을 지구에서 확인할 수 있어야죠. 천체 망원경으로 확인할 수 있는 크기여야 합니다."

"옳거니! 먼저 회장께서 성능 좋은 천체 망원경을 만들어야겠소이다."

"천체 망원경은 하버드 대학 천문대에서 만들 겁니다. 이미 논의가 끝났어요."

매스턴 대위가 으스대며 대꾸했다.

"얼마나 큰 망원경을 만들 거지요?"

"지름이 20m입니다."

"오 마이 갓! 그 망원경의 해상도는 얼마입니까?"

"3m요. 3m 거리에서 달 표면을 볼 수 있을 겁니다."

"지름이 3m인 포탄을 만들어야 한다는 이야기인데, 그 무게가 얼마인지 생각하고 말하는 것이오?"

계산이 빠르고 정확한 매스턴 대위가 나서서 대답했다.

"철로 만든다면 10만kg이 넘어요."

"그렇게 무거운 포탄을 어떻게 날려 보냅니까?"

엘피스턴 소령이 비관적인 목소리로 말했다.

"포탄 속이 꽉 차 있을 필요는 없죠. 우리는 속이 빈 포탄

을 만들 거예요."

동해가 나서서 말했다. 매스턴이 갈고리 손으로 테이블을 탁탁 쳤다.

"맞아요. 우리의 포탄은 살상 무기가 아닙니다. 편지를 보내려는 거예요. 달나라 사람들에게 전하는 편지요."

"편지를 보내요, 달나라에?"

서연이 달나라에는 사람이 살지 않으며, 어떠한 생명체도 살 수 없다는 것을 알려 주었다.

"증거가 있나?"

바비케인이 비장한 목소리로 물었다.

"공기가 없으니까요."

"공기가 없다는 증거는?"

"그건……."

설명할 방법이 떠오르지 않았다. 서연이 대답을 못 하고 우물쭈물하자 동해가 손을 들고 나섰다.

"회장님, 크레이터요. 달의 크레이터가 모양이 변하지 않는다는 것이 달에 공기가 없다는 증거예요. 공기가 있다면 바람 때문에 풍화될 테니까요."

동해의 말에 바비케인은 입술을 잠시 달싹거리더니 말했다.

"우리 과학자들은 자네가 말한 크레이터를 화산으로 알고 있어. 그리고……."

바비케인은 잠시 책상을 짚고 다시 매서운 눈을 떴다.

"지금은 포탄에 대해 토론하시게. 달에 사람이 있던 없던 우리는 포탄을 달로 보낼 거야."

"그렇지요! 그건 상관없어요. 달나라 만세!"

매스턴의 추임새로 가라앉았던 회의 분위기가 살아났다.

"좋아. 다시 포탄으로 돌아가지요. 우리는 속이 빈 포탄을 만들 거예요. 밀도가 큰 주철이 아닌 알루미늄을 사용할 겁니다. 표준 비율에 따라 두께는 60cm면 되지요."

매스턴이 갈고리에 볼펜을 끼고는 종이에 뭔가를 빠르게 적어 나갔다.

"나왔다! 9,625kg!"

매스턴의 말에 모건 장군이 주먹으로 테이블을 쳤다.

"그 정도라면 쏘아 올릴 수 있어! 이 모건 장군이 장담하지."

엘피스턴 소령이 말을 이었다.

"장군님이 자신 있어 하시니까 저도 좋습니다."

"하지만 알루미늄 구입비가 만만치 않을 거예요."

매스턴 대위가 다시 종이에 끄적였다.

"17만 3,250달러. 엄청난 돈이에요."

모건 장군과 엘피스턴 소령이 막대한 비용에 놀랐다. 엘피스턴 소령이 모건 장군을 돌아보며 물었다.

"대포는 얼마나 커야 하지요?"

모건 장군이 심각한 표정으로 눈을 지긋이 감았다.

"지름이 3m라면 대포는 길이가 300m여야 할 거야."

"포탄을 쏠 화약의 양이 얼마나 많을지 상상할 수 없습니다. 게다가 대포를 세우려면 더 많은 철이 필요하죠."

엘피스턴 소령이 어려운 문제를 연달아 꺼냈다. 그 바람에 다들 부정적인 생각에 빠져 회의장 분위기가 무거워졌다.

서연이 침묵을 깨고 말했다.

"로켓이면 돼요."

서연의 말에 모건 장군이 하얀 눈썹을 꿈틀거리며 떴다.

"로켓? 그게 뭔가?"

그 대답은 바비케인이 대신했다.

"기차를 움직이는 엔진을 말합니다. 저 아이의 말은 엔진의 힘으로 달까지 날아가자는 겁니다."

"풍선처럼 공기를 내뿜으면 앞으로 날아갈 수 있어요."

서연의 설명을 들은 모건 장군이 바비케인을 보았다.

"가능하오?"

"지금 개발된 엔진으로는 불가능합니다."

서연이 자리에서 벌떡 일어났다. 이 실험을 성공시켜야만 현실 세계로 돌아갈 수 있다. 저들이 포기하지 않도록 방법을 찾아야 한다. 현대의 로켓 기술을 알려 준다면 가능할 것이다.

"포탄과 로켓을 합치는 거예요."

"두 개를 합쳐?"

"네, 먼저 대포를 쏴서 포탄을 날려 보내요. 그다음, 날아가는 포탄의 엔진을 가동해 남은 거리를 날아가게 하는 거예요."

서연의 말에 가능성을 타진하느라 바비케인이 눈알을 바쁘게 굴렸다. 그러고는 혼잣말처럼 입술을 빠르게 움직였다.

"엔진이 불을 뿜으려면 연료뿐만 아니라 산소가 있어야 할 텐데……. 연료와 산소를 같이 실으면 포탄이 더 무거워져."

서연은 답답했다. 옐로우 큐라면 이 모든 문제를 풀었을 것이다. 그때 동해가 나서서 서연을 도왔다.

"로켓을 몇 개의 단으로 나누어 만들면 돼요. 1단 엔진을 사용한 다음 떨어뜨리면 2단 엔진이 불을 뿜고, 그다음에는 3단 엔진을 가동시키는 거예요. 그러면 로켓이 점점 가벼워지죠."

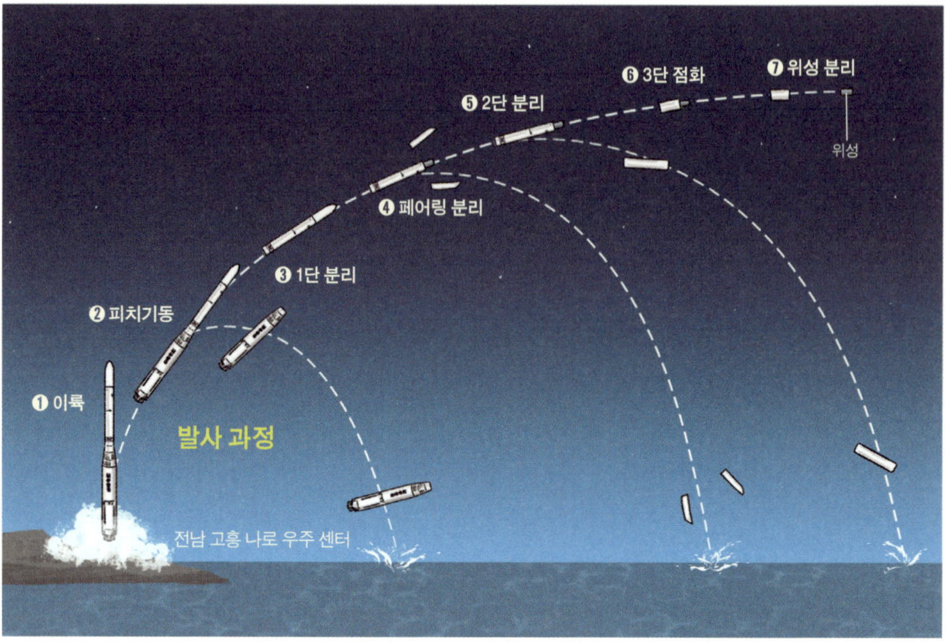

동해가 말한 것은 현대 로켓의 원리였다.

"오호! 연료 무게를 줄일 수 있겠군. 하지만 그 많은 산소를 어떻게 가져갈 텐가? 자네들 의견은 그럴싸하지만, 여전히 가능성이 없어. 산소의 부피가 엄청날 거야."

"냉각이요. 산소를 영하 200도까지 냉각하면 액체가 되니까 부피를 줄일 수 있어요."

매스턴 대위가 몸을 뒤로 젖히며 웃었다.

"하하하, 남극도 영하 200도는 안 될 것이야."

매스턴 대위 옆에 있던 백근이 말했다.

"대위님, 냉장고라면 가능해요. 냉각시키는 기계 말이에요."

"백근 군, 자네 왜 그러나? 그런 기계가 세상에 어디 있어?"

지금은 1865년이다. 냉장고가 있을 리 없다. 서연은 낙담했다. 그때 바비케인이 팔짱을 풀며 말했다.

"산소의 온도를 계속 빼앗아 액체로 만든다. 그 액체를 연료와 함께 태워 불을 뿜는 로켓을 만든단 말이지?"

서연과 동해는 동시에 고개를 끄덕였다.

"고려해 볼 가치가 있어. 더군다나 하늘로 올라갈수록 중력은 약해지니까 힘이 약한 엔진이라도 가능할 겁니다."

서연과 동해는 손바닥을 마주 쳤다. 달 포탄 아니, 달 로켓 개발을 성공해야 미션도 성공할 것이다.

"하지만! 자네들 의견은 부결이네."

하이파이브를 하던 서연과 동해가 얼음이 된 채 바비케인을 바라보았다.

"3단 로켓은 누가 점화할 텐가? 포탄에 누군가 탑승하지 않는 한 불가능한 일이야."

"하나뿐인 목숨을 내놓고 포탄에 탈 사람은 없죠."

매스턴 대위가 갈고리 손으로 고무 머리를 긁었다.

대포를 쏘는 순간 일어나는 엄청난 충격을 견디는 생물은 없을 것이다. 서연과 동해는 고개를 떨구고 자리에 앉았다.

바비케인이 일어나 회의를 마무리했다.

"우리는 예정대로 지름 3m의 포탄을 만들고, 길이 300m의 대포를 만들 것입니다. 대포의 내벽이 2m는 되어야 폭발의 충격을 버텨 낼 것입니다. 외경 7m, 무게 7만 4,000t에 달하는 대포를 제작하려면 철을 구해야 해요. 대략 296만 7천 달러의 자금이 필요하죠. 그렇지, 매스턴 대위?"

매스턴이 고개를 끄덕였다. 엄청난 숫자에 모두 놀랐지만 바비케인의 눈빛은 처음보다 더욱 강하게 빛났다.

"지금 전 세계가 우리 편입니다. 구체적인 계획을 발표해서 기부금을 걷도록 하죠. 곳곳에서 자금을 보내올 것이오."

"물론이지. 사람들은 달로 포탄을 보내기를 바라고 있어."

모건이 의족으로 바닥을 쿵쿵 찍으며 말했다.

"지구와 달이 최초로 연결하는 일에 모두 협조할 겁니다."

엘피스턴 소령이 목발을 하늘로 쳐들며 외쳤다. 매스터 대위도 자리에서 일어나 갈고리 손을 높이 올렸다.

"만세! 달나라로 갑시다. 어서 기금을 모아 대포를 만듭시다!"

광기에 휩싸인 듯한 장면에 위축되어 아이들은 밖으로 나왔다. 서연이 걱정스럽게 말했다.

"달로 포탄을 쏘는 일에 누가 기부를 하겠어? 천문학적인 돈을 말이야."

"여긴 소설 속이잖아."

백근이 배시시 웃었다. 동해가 이어 말했다.

"투자사들은 벤처 사업가의 비전을 보고 투자하잖아. 바비케인 회장님이 달로 가자고 했을때, 사람들이 엄청 열광했으니까 기금을 내겠지. 그리고 실행 위원들이 과학이나 물리학 계산으로 가능하다잖아. 우리가 어떤 일을 할 수 있을지 당분간 지켜보자."

서연은 고개를 끄덕였다.

옐로우 큐의 수업노트 03

로켓 발사체 운동

초3-1 지구의 모습 | 초5-1 태양계와 별 | 초5 물체의 운동

로켓이 지구를 떠나는 것은 어려울까?

텔레비전에서 본 로켓 발사 장면을 보면 쉬운 것 같아요.

하지만 로켓의 무게가 무거우면 어려울 거야.

로켓이 클수록 엄청난 무게의 연료도 필요하겠지.

그럼 로켓이 자꾸만 더 무거워지는 것 아냐?

1. 지구 탈출 속도

공을 하늘 높이 던졌다고 생각해 보자. 던진 공은 어떻게 될까? 맞아. 지구의 중력에 의해 다시 바닥으로 떨어져. 공을 빠른 속도로 던질수록 더 높이 올라 갔다가 다시 지표로 떨어질 거야. 그렇다면 이론상 무한대의 높이까지 던진다면, 지구의 중력이 영향을 미치지 않기 때문에 공은 떨어지지 않아.

이게 가능한 속도는 지구의 질량에 대입하여 구할 수 있어. 바로 초속 7.9km로 던지면 앞에서 달처럼 지구로 떨어지지 않고 지구를 공전하는 인공위성이 되는 거지. 이를 제1우주 속도라고 해. 지구를 공전하지 않고 탈출할 수 있는 속도는 초속 11.2km야. 이 속도로 공을 던진다면 포물선 운동을 하면서 지구를 탈출할 수 있어.

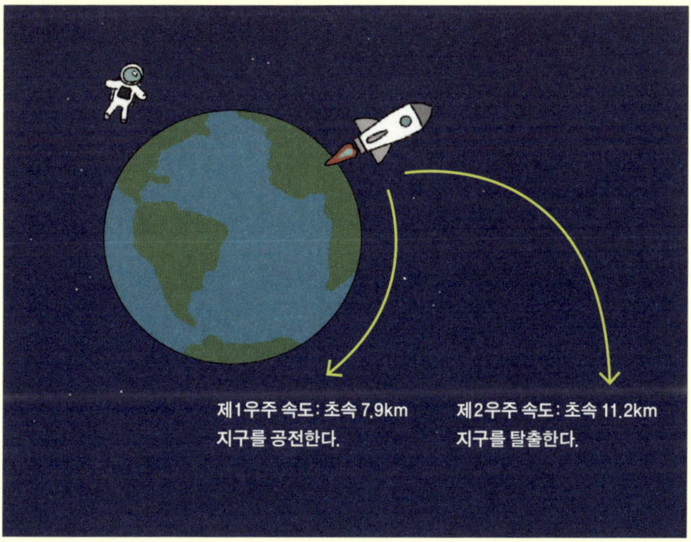

지구 탈출 속도

태양계를 탈출하려면 더 빠른 속도가 필요해. 태양의 인력이 그만큼 강하기 때문이야. 이론상 태양계 탈출 속도는 무려 초속 46.7km야. 엄청난 속도지? 하지만 실제로 그 정도까지 속도를 낼 필요는 없어. 지구 또한 초속 30km라는 엄청나게 빠른 속도로 태양을 공전하고 있는데, 지구의 공전 방향으로 로켓을 쏜다면, 그 차이인 초속 16.7km면 태양계를 탈출할 수 있어.

2. 로켓 힘의 원리

얼마 전 우리나라에서 쏘아올린 로켓 누리호를 기억하니? 2023년 5월 25일 오후 6시 24분 누리호 3차가 발사되었어. 큐브 위성 7기와 소형 위성을 싣고 올라간 누리호는 고도 550km에서 큐브 위성과 소형 위성을 분리하는 데 성공했지. 우리 스스로의 기술로 이룬 멋진 성과야.

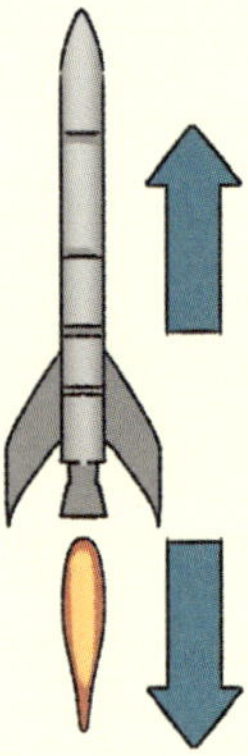

작용과 반작용

로켓은 작용과 반작용의 법칙으로 날아가. 이는 뉴턴의 제 3법칙으로 물체 A가 B에 힘을 가하면, 크기가 같고 방향이 반대인 힘을 A가 되돌려 받는 거야. 내가 칠판을 앞으로 밀면 그 힘이 나에게 작용해서 내가 뒤로 밀리는 원리지. 로켓이 연료를 태워 뜨거운 열을 뿜으며 공기를 밀어내면 그 힘의 반작용으로 공기가 로켓을 앞으로 밀어서 날아갈 수 있는 거야.

3. 로켓의 구조

우주에는 공기가 없기 때문에 로켓에는 산소가 꼭 필요해. 산소가 왜 필요할까? 연료가 연소되려면 산소가 반드시 있어야 하지. 다음 그림은 우리나라 로켓 나로호야. 나로호의 1단 로켓은 액체 산소 탱크와 연료 탱크로 구성되어 있어. 1단 엔진으로 연료와 산소가 공급되어서 연소가 일어나면 가스가 만들어지고 이 가스가 밖으로 뿜어져 나오는 거야.

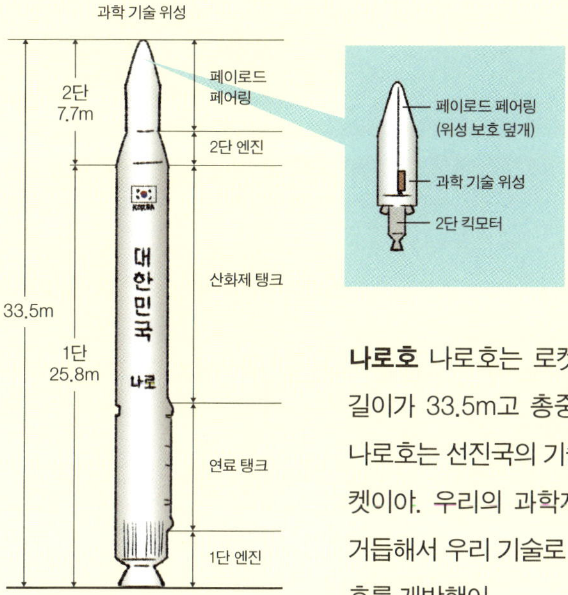

나로호의 크기와 구조

나로호 나로호는 로켓의 초기 모델이야. 길이가 33.5m고 총중량은 140t 규모지. 나로호는 선진국의 기술을 배워서 만든 로켓이야. 우리의 과학자들은 로켓 연구를 거듭해서 우리 기술로 한국형 발사체 누리호를 개발했어.

누리호 최근 발사된 누리호 3차 발사체는 우리 기술로 개발된 한국형 발사체로 높이 47.2m에 총중량 200t이야. 1,500kg의 위성을 우주로 올릴 수 있단다. 누리호 3차 발사체는 3단으로 구성되어 있어. 1단에 75t급 추력 엔진 4기, 2단에서 75t급 엔진 1개, 3단에서는 7t급 엔진을 사용했어. 누리호는 세계적으로도 우수한 기술이라고 평가받고 있어. 누리호 발사 성공으로 우리 로켓 기술의 우수성이 세계에 알려진 거야.

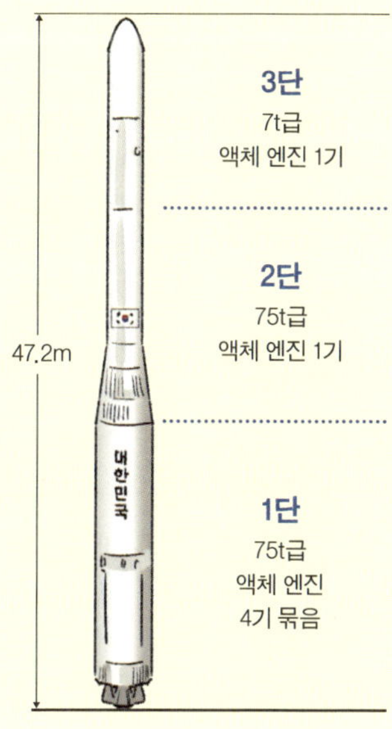

누리호의 크기와 구조

4 끝장 과학 토론

달 포탄 제조에 관한 실행 위원회의 회의 결과가 대서양을 건너 유럽과 아프리카로, 태평양을 넘어서 아시아와 오세아니아로 전해졌다.

바비케인은 모든 어려운 문제를 과학으로 해결했다고 쓰고, 마지막에 기금 마련에 동참해 줄 것을 호소했다. 그는 모든 나라에 경제 협력을 요구하는 것으로 달 로켓 개발을 전 세계인의 것으로 만들 작정이었다. 반대하는 나라도 많았지만, 〈선의를 품은 지구인에게〉라는 제목으로 성명을 발표하자, 처음 달나라에 포탄을 보내자고 발표한 날과 마찬가지로 전 세계가 열광했다. 바비케인의 메시지가 세계 곳곳에 통한 것이다.

미국의 주요 도시에 기부금 창구가 생겼고, 각 대륙 여러 나라에 기부금을 모으는 은행이 정해졌다. 3일 만에 미국에서만 400만 달러가 모였다.

매스턴 대위가 뚱뚱한 몸으로 덩실덩실 춤을 췄다.

“얼씨구, 드디어 달 포탄을 제작할 수 있게 됐어. 철을 녹일 용광로를 세우고, 대포를 만들 공장을 지어야지. 300m 길이의 대포를 주조하고, 그 대포를 세울 구덩이를 파고 말이야.”

“아직도 자금이 부족하네.”

바비케인이 두꺼운 입술을 움직였다.

“이제 전 세계 지구인들의 기부에 달렸어.”

‘지구인’이라는 거창한 말에 걸맞게, 정말로 전 세계 사람들이 바비케인에게 화답했다. 러시아에서 27만 3천 달러로 가장 많은 기금이 모금되었다. 프랑스는 미국을 비웃으면서도 콧노래를 부르며 기부했다. 23만 2천 달러였다. 오스트리아는 9만 5천 달러, 스웨덴과 노르웨이는 각 5만 5천 달러, 벨기에는 9만 5천 달러, 네덜란드는 4만 3백 달러를 냈다. 남아메리카, 아프리카, 아시아도 나름대로 적지 않은 기부금을 모았다.

모인 자금 계산을 마치고 매스턴 대위가 큰 소리로 말했다.

"바비케인 회장님, 외국에서 모금된 돈이 무려 144만 달러가 넘어요. 이 정도면 달 포탄 실험이 실현될 수 있는 거죠?"

"그 정도면 우리의 계획은 충분히 이룰 수 있을 것이네. 하지만 아직 해결하지 못한 것이 있다네. 바로 지리 문제야."

"아차, 하버드 천문대에서 발사 기지를 세울 곳을 알려 줬었죠. 위도 0도에서 28도 사이에서 포탄을 쏴야 한다면…… 어떡하죠? 이 나라에서 대포를 쏘지 못하나요?"

매스턴은 자기 나라에서 쏘는 것이 아니라면 의미 없다며 어두운 표정으로 말했다.

"지도를 찾아봐요."

동해가 말하자, 백근이 뚱한 표정을 지었다.

"위도가 낮은 곳은 열대 지방이잖아. 난 미국에 열대 지방이 있다는 소리는 듣지 못했어."

"위도가 낮다고 모두 열대 지방은 아닐 거야."

"그래도 미국에는 그런 지역이 없다는 거지."

동해와 백근의 대화에 매스턴 대위의 불안함이 더욱 고조되었다. 서연은 둘을 말렸다.

"애들아, 그만! 확인되지 않은 말로 불안을 키우지 말자. 바비케인 회장님은 어떻게 생각하세요?"

모두 바비케인의 대답을 기다렸지만, 그는 표정 하나 변하지 않고 묵묵히 말했다.

“다시 회의를 할 거요. 실행 위원들에게 연락하시오.”

바비케인은 뚜벅뚜벅 걸어 밖으로 나가 버렸다.

“없는 거야. 이 나라에서 포탄을 쏘지 못하는 거라고.”

매스턴 대위가 힘없이 말하며 의자에 털썩 앉았다.

“기다려 보아요. 회장님은 지리 문제도 해결할 거예요.”

동해 말에도 매스턴의 얼굴 색은 흙색으로 변해 갔다.

회의 안건 2 : 달 포탄을 쏘아 올릴 연료는?

저녁 무렵, 모건 장군과 엘피스턴 소령이 대포 클럽에 도착했다. 공식 회의가 다시 시작되었다. 실행 위원들은 자금 모금의 성과를 듣고 열렬히 박수를 쳤다.

“하지만! 우리에게는 남은 문제가 있습니다.”

바비케인의 말에 모건 장군이 앞에 있는 차를 한 잔 마시고는 물었다.

“뭔가? 문제가 뭐야?”

매스턴 대위가 손가락을 들었다.

"지리 문제요. 회장님, 그렇죠?"

서연도 고개를 끄덕였다. 하지만 바비케인 입에서는 뜻밖의 말이 나왔다.

"포탄의 연료요. 전문가 엘피스턴 소령께서 말씀 주시지요."

매스턴과 아이들의 눈이 커졌다. 지리 문제를 해결하지 못했는데 연료에 대해 말하다니, 바비케인을 이해할 수 없었다. 엘피스턴 소령이 설명을 시작했다.

"화약 1kg은 1*l*가 조금 안 됩니다. 이 화약이 타면 400*l*의 기체를 만들어 내죠. 이때 공기 팽창의 힘으로 포탄이 날아가는 겁니다."

"저, 그것보다……."

"매스턴 대위, 좀 가만히 있게."

바비케인이 눈살을 찌푸렸다. 회의 시작부터 똥 마려운 강아지처럼 안절부절하는 매스턴 때문이었다. 매스턴은 달 포탄 발사 기지를 자기 나라에 세우지 않으면 아무 의미 없다고 생각하고 있었다. 그 마음을 바비케인은 모르는 것 같았다.

서연이 백근에게 눈짓을 했고, 백근이 매스턴 대위를 자리에 앉혔다. 매스턴의 흙빛 얼굴에서는 연신 땀이 흘러내렸다.

서연이 살며시 다가와 말했다.

"매스턴 아저씨, 괜찮으세요? 마음을 조금 가라앉히셔야 해요. 이러다 쓰러지실 것 같아요."

매스턴은 자신 앞에 있는 물을 벌컥벌컥 마시고는 말했다.

"고마워, 서연 양. 나는 괜찮아."

바비케인이 다시 엘피스턴에게 물었다.

"화약을 얼마나 사용해야 하나요?"

"그동안의 사례로 보자면 12kg 포탄에 화약을 8kg 썼고, 500kg 포탄에는 80kg을 썼죠."

"그럼 포탄이 무거울수록 화약의 양이 줄어드는 건가요?"

매스턴이 물었다. 바비케인이 매스턴을 잠시 보다가 엘피스턴 소령에게 고개를 돌렸다

"엘피스턴 소령님, 뭔가 요점이 필요해요."

"알갱이 화약은 가루 화약보다 더 강한 폭발을 일으킬 수 있습니다. 우리 포탄의 무게가 9,625kg이니 80만kg의 화약이 필요합니다."

"말도 안 돼!"

매스턴 대위가 또 다시 찬물을 끼얹었다.

"화약 80만kg은 62만 l요. 우리가 고안한 대포의 총 부피가

153만l예요. 총 300m 길이에서 화약만 120m를 차지한다고요. 나머지 180m의 대포로는 포탄을 달까지 보낼 수 없어요!"

"틀린 말이 아니네. 그런데 자네 왜 이리 흥분하나?"

"제가 흥분하지 않겠습니까? 이렇게 토론할 이유가 뭐가 있어요? 포탄를 이 땅에서 쏘지 못하면 이런 회의는 아무 의미가 없다고요!"

회의장이 술렁거렸다. 모건 장군과 엘피스턴 소령이 격분하며 말했다.

"대포 발사 기지를 미국 땅에 못 만드나?"

바비케인이 한숨을 내쉬자 동해가 나섰다.

"장군님, 소령님. 대포는 위도 0도에서 28도 사이에서 쏴야 해요. 미국에 그런 곳은 없잖아요? 그래서 매스턴 아저씨가 저렇게 흥분하신 거예요."

"의미 없지, 의미 없어. 나 또한 매스턴의 생각에 동의하네."

"미국이 아니면 의미 없어. 우리 모두 미국인이라고."

모건과 엘피스턴 또한 자신과 생각이 같다는 것을 알고는, 매스턴 대위가 주먹을 하늘로 힘껏 올리며 소리쳤다.

"전쟁을 해야 합니다. 멕시코 땅을 빼앗아 미국 땅으로 만들어야 해요."

"옳거니! 내가 앞장서지."

전쟁을 좋아하는 모건이 가세했다. 서연은 고개를 절레절레 흔들었다. 미국 사람들이 왜 저렇게 전쟁에 열광하는지 서연은 알 수 없었다.

"전쟁은 안 돼!"

바비케인이 소리쳤다. 회의장이 더욱 어수선해졌다. 백근이 자리에서 일어나 매스턴 대위에게 걸어갔다.

"매스턴 대위님, 제가 흥분을 가라앉히는 음료를 만들어 드릴게요. 저와 식당으로 가시죠."

"그, 그럴까?"

서연이 백근에게 입 모양으로 '어떻게 하려고?' 하고 물었다. 백근은 특유의 느긋한 표정으로 '걱정 마.'라고 대답했다.

백근이 매스턴 대위를 데리고 회의장을 나갔지만, 분위기는 여전히 어수선했다.

서연이 동해에게 말했다.

"지리 문제는 나도 걱정이야. 하지만 우선 회장님이 회의를 이끌 수 있도록 도와주자. 네가 어떻게 좀 해 봐."

동해가 끄덕이고는 바비케인 회장에게 화약에 관해 물었다.

"회장님, 대포에 사용하는 화약은 흑색 화약인가요?"

"동해 군, 흑색 화약을 아는가?"

"우리나라 최무선 장군이 홀로 흑색 화약을 개발하셨어요."

최무선 장군은 고려말 조선 초의 장군이다. 갑작스러운 동해의 말에 서연은 당황했지만, 다행히 회의장의 분위기는 다시 바비케인 회장에게 집중되었다. 서연이 동해에게 엄지를 들어 보였다.

"위대한 군인이군. 혼자 화약을 개발하는 것은 목숨을 내놓은 거나 마찬가지야."

"맞아요. 장군 덕분에 왜구를 물리칠 수 있었어요."

"왜구?"

"일본이요."

"아, 그 청나라 옆의 섬나라 말인가?"

"네, 맞아요. 제가 사는 대한민국은 청나라와 일본 사이에 있어요."

"미안하지만 아직 그런 나라의 이름은 듣지 못했네."

중국이 청나라였던 1865년에 대한민국은 조선이었다. 서연이 재빠르게 말했다.

"조선이요."

서연의 말을 듣고 바비케인의 눈썹이 위로 올라갔다.

"조선이라면 들어 본 적 있다네. 하얀 옷을 입은 사람들이 사는 그 조선을 말하는가?"

"맞아요. 조선에서는 로켓을 쏘아 우주선을 발사한다고요."

"흠, 대단한 기술이 있는 나라로구나!"

서연이 자신의 입을 틀어막았다. 160년 후의 일을 지금 일처럼 자랑한 것이다. 서연이 당황하자, 동해가 재빠르게 화제를 바꿔 물었다.

"회장님, 다이너마이트는 구할 수 없어요?"

"다이너마이트?"

동해의 말에 바비케인의 눈이 번쩍 뜨였다.

"동해 군, 지금 다이너마이트라고 했나?"

"네, 알프레드 노벨이 개발한 다이너마이트요."

"노벨, 노벨……, 어디서 들었더라?"

바비케인의 눈동자가 마구 움직이더니 벽 한쪽에 있는 수납장을 열었다. 거기에는 수많은 책과 신문이 쌓여 있었다. 바비케인이 신문을 마구 뒤적이는 사이, 서연이 말했다.

"동해야, 너 노벨상의 노벨을 말한 거야?"

"맞아, 다이너마이트라면 연료 문제를 해결할 수 있지 않을까?"

"나, 노벨 위인전 읽었어. 다이너마이트 개발은 1866년이야. 지금은 1865년이고."

"으윽, 그럼 실패인가?"

"찾았다!"

바비케인이 신문을 들고 테이블로 성큼성큼 걸어와 테이블에 내려놓고 손가락으로 가리켰다.

"여기! 스웨덴의 화학자 알프레드 노벨. 동해 군, 자네가 우리 문제를 해결했네."

바비케인이 보기 드물게 활짝 웃었다. 서연이 그런 바비케인에게 물었다.

"회장님, 다이너마이트는 아직 개발되지 않았을 텐데요?"

"다이너마이트가 뭔지 몰라도 이 기사를 보게."

바비케인은 소리 내어 기사를 읽었다.

"노벨이 개발한 니트로글리세린은 엄청난 폭발력을 자랑한다. 기존에 쓰던 흑색 화약과는 비교할 수 없고, 그보다 강한 나이트로셀룰로스보다 강한 폭발력이 있다."

노벨이 다이너마이트를 개발한 건 1866년이지만, 다이너마이트 재료인 니트로글리세린은 이미 개발된 상태였다.

"바로 이거야."

바비케인이 '나이트로셀룰로스' 글자를 손가락을 찍었다. 바비케인의 생각을 알아차린 사람은 역시 화약 전문가 엘피스턴 소령이었다.

"나이트로셀룰로스! 바로 면화약이야. 그거라면 되겠어요. 면화약 20만kg만 있으면 우리의 달 포탄 개발 계획은 실현 가능합니다."

"맞아요. 면화약은 흑색 화약의 4분의 1의 양과 같죠. 화약이 차지하는 공간은 30m이고, 대포는 270m죠. 포탄을 달로 충분히 보낼 수 있어요."

바비케인이 다소 흥분된 어조로 말했다. 모건 장군이 고개를 끄덕이더니 일어나 의족을 바닥에 쿵쿵 찍고는 말했다.

"어리다고 자네들을 무시한 나를 용서하게나."

모건 장군이 동해에게 경례를 했다.

"나도 동해 군과 서연 양을 인정하네."

엘피스턴 장군은 목발을 흔들었다. 바비케인 회장이 동해의 머리를 쓰다듬었다.

"잘했네. 자네는 우리 대포 클럽의 진정한 동지야. 서연 양 자네도 마찬가지고."

서연이 동해를 바라보자 동해가 어깨를 으쓱했다.

회의 안건 3 : 달 포탄 발사 기지는?

회의가 온 종일 이어져 서연은 힘이 들었다. 동해도 지쳤는지 어깨가 쳐져 있었다. 달로 포탄을 쏘는 고난도의 프로젝트이다. 어려운 문제를 해결하려면 바비케인처럼 끈질기게 문제 하나하나를 해결해야 한다. 학급 회장으로서 서연은 회의를 이끌면서 매스턴처럼 감정이 앞서 화를 냈던 기억이 떠올랐다. 그날 서연은 어떤 문제도 해결하지 못했다. 바비케인이 리더로서 어떤 역할을 하는지, 이 또한 서연의 관심사였다.

"자, 다시 회의를 재개합시다."

잠시 동안의 휴식을 마치고 바비케인이 테이블로 돌아왔다.

"이제, 포탄 발사 기지를 어디에 세울지 지리적 문제를 해결합시다. 매스턴이 말한 위도 문제요."

서연은 얼마 전 나로 우주 센터에서 있었던 누리호 3차 발사 장면이 떠올랐다. 나로 우주 센터는 세계에서 13번째로 세운 우리나라의 우주선 발사 기지로, 한반도 남쪽 끝 외나로도에 있다.

"지구 자전의 원심력을 이용하려면 위도가 낮아야 해요."

"하버드 천문대에서 위도 0~28도 사이에서 대포를 쏴야 한다고 말한 이유지. 하지만 그 위치는 국경 너머 멕시코야. 미국에 그런 지역은 없어."

"역시 전쟁밖에 없지?"

모건 장군이 손가락으로 책상을 두들기며 말했다. 또 전쟁 이야기였다. 서연은 곱지 않은 시선으로 모건 장군을 보았다.

"전쟁은 안 돼요. 더는 피를 흘려서는 안 됩니다."

바비케인 회장이 전쟁을 반대해서 정말 다행이었다. 서연은 바비케인의 생각에 힘을 실어 주고 싶었다. 마침 일년 내내 더운 날씨인 미국 드라마가 생각났다. 배경은 플로리다였다.

"참! 플로리다가 있잖아요. 거긴 위도가 낮은 곳이잖아요?"

바비케인이 손가락을 튕겼다.

"서연 양이 잘 아는군!"

그때였다. 회의실 문이 열고 매스턴 대위가 들어왔다.

"동지 여러분, 새로운 커피예요. 신제품이요!"

뒤뚱거리는 매스턴 뒤에 백근이 쟁반을 들고 따라 들어왔다. 백근이 쟁반을 테이블 위에 내려 놓자 매스턴 대위가 백근의 어깨에 팔을 둘렀다.

"우리 백근 군이 새로운 커피를 만들어 왔어요. 달…… 뭐라고 했지?"

"달고나 커피요."

쟁반 위에 커피 잔과 접시가 있었다. 접시에는 달 모양의 노란 달고나 조각이 담겨 있었다.

"백근이 너, 여기서 달고나를 만든 거야?"

"히히히, 어때? 나의 요리 센스가?"

대한민국에서는 삼척동자도 달고나를 안다. 설탕을 녹인 후 소다(탄산수소 나트륨)를 넣으면 부풀어 오르면서 노란 달고나가 된다. 매스턴 대위가 달고나를 넣은 달콤 커피를 마시고 기분이 좋아진 것이다.

모건 장군이 달고나 조각을 들어 입에 넣고 오물거렸다. 전쟁을 주장하며 핏대를 세우던 표정이 환해졌다.

"달달하군. 이건 설탕인가?"

"네, 녹인 설탕에 소다를 넣어서 크게 부풀린 거예요."

엘피스턴 소령도 달고나를 먹었다.

"마치 대포 같군. 화약이 폭발하면서 가스가 만들어지는 것처럼, 탄산수소 나트륨이 분해되면서 생긴 이산화 탄소가 부풀어 오른 거야."

“히히히, 정답입니다. 달고나를 커피에 넣어서 드셔 보세요. 피로가 풀릴 겁니다.”

바비케인 회장, 모건 장군, 엘피스턴 소령이 달고나 조각을 뜨거운 커피에 넣고 스푼으로 저었다. 달달한 커피를 마시고 셋의 표정이 밝아졌다.

"달고나 커피는 자네 나라, 조선의 음식인가?"

"네, 제가 조선의 매콤 떡볶이와 제육볶음도 만들어 드릴게요. 매운맛이 스트레스를 줄여 주거든요."

매스턴 대위가 바비케인 회장에게 말했다.

"회장님, 대포 클럽의 요리사로 오백근 군을 추천합니다."

“찬성이네, 자격이 충분해!”

백근은 늘 웃음과 맛난 음식으로 긴장된 순간을 부드럽게 만들었다. 서연은 백근과 눈이 맞추고 입모양으로 고맙다고 말했다.

바비케인이 매스턴 대위를 돌아보았다.

“매스턴, 방금 동해 군과 서연 양의 도움으로 연료 문제를 해결한 참이야. 연료는 면화약으로 결정했네.”

“음, 잘됐군요. 아까 화를 내서 죄송합니다. 그런데 지리 문제는 해결됐나요?”

“자네는 성질이 급한 것이 문제야.”

매스턴 대위가 갈고리 손으로 고무 머리를 긁었다. 바비케인이 서연을 보며 턱짓했다. 매스턴에게 말해 주라는 것이다.

“매스턴 대위님, 미국에도 발사 기지로 적당한 위도가 낮은 지역이 있어요.”

“정말?”

매스턴 대위가 펄쩍 뛰었다. 그러고는 바비케인을 돌아보고는 물었다.

“정말입니까? 미국에도 위도가 28도 이하인 곳이 있어요?”

“그러니 설명을 끝까지 듣고 화를 내도 내게나.”

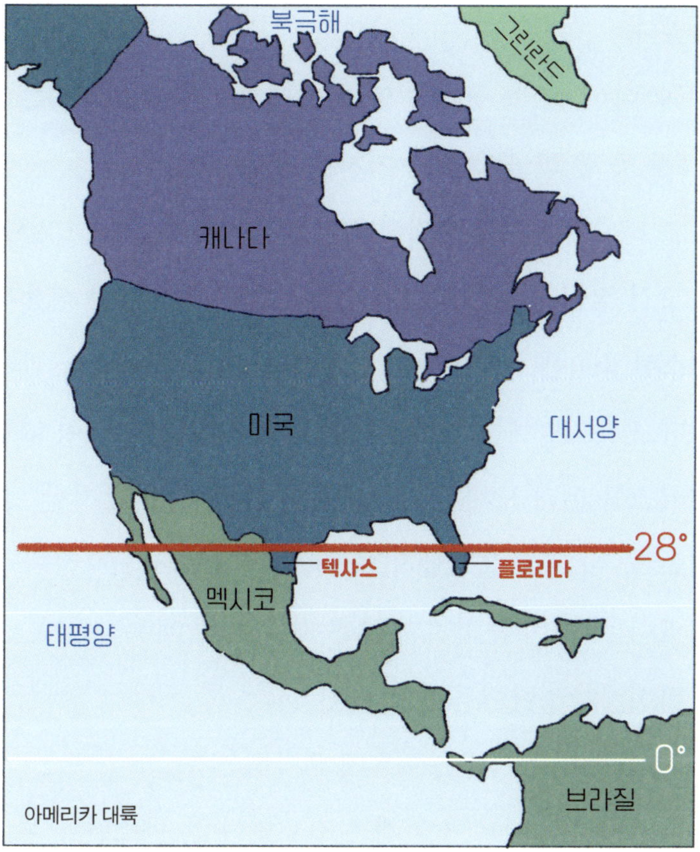

"그게 어디예요?"

바비케인은 미국 지도를 가져와서 테이블 위에 펼쳤다. 그러고는 커다란 지도에 빨간색 펜으로 선을 하나 그었다.

"여기가 위도 28도 라네."

바비케인이 그은 선 아래 텍사스주 남쪽과 플로리다 주가 있었다.

"오 마이 갓! 두 곳이나 있네요. 텍사스와 플로리다요."

"두 곳 중 한 곳을 발사 기지로 정해야 할 거야."

또 하나의 문제를 해결했지만, 의견은 다시 갈리고 말았다.

모건 장군과 매스턴 대위는 텍사스를, 바비케인 회장과 엘피스턴 소령은 플로리다를 지목했다. 두 곳 모두 장단점이 있었다. 플로리다에는 인구가 적어 일할 수 있는 사람이 없었고, 텍사스는 여러 도시가 있어서 일할 사람이 많았지만, 그 도시들 중 어디로 결정할지 또 다시 선택하느라 시간이 걸릴 거였다. 의견이 좁혀지지 않은 채 토론이 계속되었다.

바비케인이 아이들에게 물었다.

"우리 어린 동지들은 어떻게 생각하는가?"

바비케인을 따르는 동해는 플로리다를, 매스턴과 짝꿍인 백근은 텍사스를 선택했다. 그러자 모두의 시선이 서연에게 집중되었다. 동해가 말했다.

"서연아, 이 선택이 너에게 달렸어."

머리가 지끈거렸다. 《지구에서 달까지》 소설을 읽었더라면 쉬웠을 텐데. 중요한 문제를 기분에 따라 결정할 수 없었다. 학급 회의에서 중요한 안건을 가볍게 결정했다가 문제를 키운

적이 있었다. 급할수록 돌아가라는 말이 생각났다.

"발사 기지를 정하는 것은 중요한 문제잖아요. 사람들의 의견을 들어 보는 게 좋겠어요. 두 지역 모두 발사 기지로 적당하다고 신문에 기사를 내면 어때요?"

"훌륭한 생각이야."

모건 장군이 의족으로 바닥을 쳤다. 바비케인도 고개를 끄덕였다.

"두 지역은 자신들의 도시가 선정되게 하려고 경쟁할 겁니다. 서로 편의 시설을 더 많이 만들겠다고 할 거예요. 우리는 좋은 조건을 선택하면 됩니다."

이로써 길고 길었던 달 포탄 개발 회의가 마무리되었다.

대포 클럽의 회의 결과와 발사 기지 선정에 관한 기사가 신문에 실렸고, 발사 기지를 서로 유치하려고 두 지역에서 난리가 났다. 하루에도 수백 통의 편지가 대포 클럽에 도착했고, 신문은 연일 두 지역을 비교하는 기사를 쏟아 내며 플로리다와 텍사스 사람들의 경쟁심을 자극했다.

신문사와 잡지사는 자신들이 지지하는 지역의 기사를 무차별적으로 실었다. 〈뉴욕 해럴드〉, 〈트리뷴〉은 텍사스를

플로리다인가, 텍사스인가? 대포 클럽의 선택은?

플로리다

플로리다의 모래와 점토는 대포의 거푸집을 만들기에 적당하다. 반면 텍사스는 말라리아가 발발하곤 해서 달 포탄 제작 기한을 못 맞출 것이 불보듯 뻔하다. 비교하여 플로리다는 말라리아를 걱정할 필요가 없는 깨끗한 지역이다.

텍사스

텍사스는 면화를 많이 재배하고, 석탄과 철광석이 대량으로 매장되어 있어서 자원과 연료를 구하기 쉽다. 또한 인구가 33만 명으로, 거대한 대포를 만들 일꾼이 넘쳐난다. 텍사스의 도시들은 연맹을 결성했다. 달 포탄 발사 기지는 마땅히 텍사스에 세워져야 한다.

선전했고, 〈타임스〉, 〈아메리칸 리뷰〉는 플로리다에 힘을 실어 주는 기사로 썼다.

그러던 어느날, 신문을 읽던 바비케인이 소리쳤다.

"비겁자라고? 내가 경쟁을 피해 달로 도망쳤다고?"

바비케인은 신문을 집어 던지고 나가 버렸다. 동해가 내동댕이쳐진 신문을 집어 들어 바비케인이 읽던 기사를 찾았다.

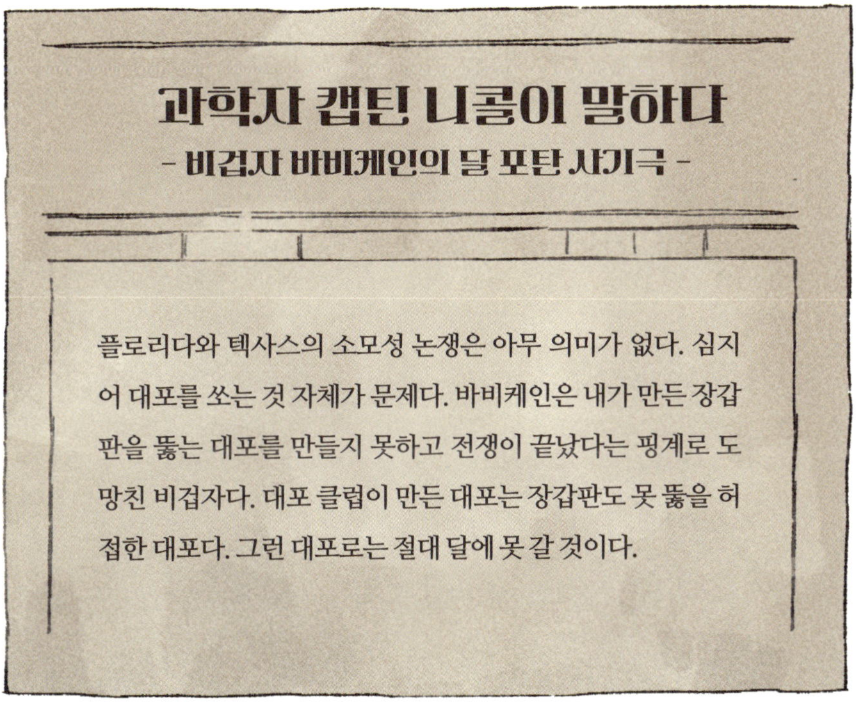

과학자 캡틴 니콜이 말하다

- 비겁자 바비케인의 달 포탄 사기극 -

플로리다와 텍사스의 소모성 논쟁은 아무 의미가 없다. 심지어 대포를 쏘는 것 자체가 문제다. 바비케인은 내가 만든 장갑판을 뚫는 대포를 만들지 못하고 전쟁이 끝났다는 핑계로 도망친 비겁자다. 대포 클럽이 만든 대포는 장갑판도 못 뚫을 허접한 대포다. 그런 대포로는 절대 달에 못 갈 것이다.

"이 논평을 쓴 사람은 누구야? 누군데 바비케인과 대포 클럽을 대놓고 비난하는 거지?"

옆에서 가만 듣고 있던 매스턴이 갈고리 손을 번쩍 들었다.

“생각났어. 이자는 캡틴 니콜이야. 캡틴 니콜은 남북 전쟁 동안 장갑판을 만든 사람이야. 우리가 개발한 포탄이 뚫지 못하도록 장갑판을 연구하는 데 온 힘을 기울인 과학자지.”

매스턴은 동해가 읽은 신문을 받아 빠르게 읽어 내려갔다.

“이자가 회장님에게 결투를 걸어왔어. 우리의 실험 실패에 무려 1만 5천 달러의 내기 돈을 걸면서 말이야.”

“어디 봐요.”

서연은 뭔가 불안한 마음으로 신문을 들여다보았다.

기사의 끝에는 캡틴 니콜로 보이는 남자 사진이 있었다. 그 뒤에 한 소년이 있었는데 흐릿했지만 낯이 익었다.

“동해야, 백근아. 이리 와서 이 사진을 봐.”

“왜 그러는데? 옐로우 큐 선생님이라도 본 거야?”

“캡틴 니콜 뒤에 있는 이 아이 좀 봐 봐.”

사진의 화질이 좋지 않아서 동해와 백근은 눈을 찡그리며 보았다.

“옐로우 큐 선생님은 아닌 것 같은데, 이게 누군데?”

“상백이야.”

동해와 백근이 놀라며 다시 사진을 살펴 보았다. 흑백 신문 속 아이는 현대의 옷을 입고 있었다. 매섭게 카메라를 바라보는 눈매가 분명히 마상백이었다.

"맞아. 상백이가 맞아."

백근이 외쳤다.

“그래서 뭐? 캡틴 니콜처럼 나쁜 사람이랑 같이 있는 걸 보니 마상백 맞네.”

동해가 까칠한 목소리로 말했다.

“동해야. 무슨 말을 그렇게 해? 아무리 그래도 우린 과학 동아리 친구잖아.”

“흥, 친구는 무슨 친구! 게다가 이 사람은 바비케인 회장님 같은 훌륭한 사람을 비난하잖아.”

이야기가 어째 이상하게 흘러갔다. 서연은 불안했다. 이곳에 오기 전 박물관에서 동해와 상백이 다투었던 일이 생각났다.

지금 동해는 바비케인 옆에 서 있고, 상백은 캡틴 니콜 옆에 있다. 바비케인과 캡틴 니콜의 앙숙 관계에 동해와 상백이 가세해서 둘씩 팀이 되어 대결 구도가 만들어진 것이다. 달 포탄을 쏘기도 전에 큰 싸움이 일어나지 않을까 걱정이 되었다.

그때 바비케인이 문을 벌컥 열고 들어와 소리쳤다. 총까지 들고 있었다.

“감히 나 바비케인을 비난해? 매스턴, 신문사에 연락하게. 캡틴 니콜의 결투와 내기를 받겠다고 말이야. 이 싸움에 난 목숨을 걸겠다고 전하게!”

큰일이다. 서연은 울고 싶었다. 비로소 마상백까지 찾았는데 일이 꼬여 버린 것이다. Q 배지를 가지고 있는 옐로우 큐는 대체 어디 있단 말인가?

“선생님, 도대체 어디 계신 거예요? 어서 나타나서 이 사람들을 좀 말려 주세요!”

옐로우 큐의 수업노트 **04**

우주선 발사 기지

초3-1 지구의 모습 | 초5-1 물체의 운동 | 중3 태양계

로켓을 발사하기 가장 좋은 장소가 따로 있을까?

로켓은 높은 위치에서 쏘면 되지 않을까?

뭔가 에너지 손실을 줄이는 좋은 장소가 따로 있을것 같아.

우리나라는 최남단 외나로도에 우주 발사 기지가 있어.

1. 우주선 발사 기지 세계 지도

그림은 세계의 우주 발사 기지를 표시한 지도야. 우주선을 발사하는 기지가 0도~28도 사이에 모여 있는 것을 볼 수 있어. 왜일까? 이유는 위도에 따라

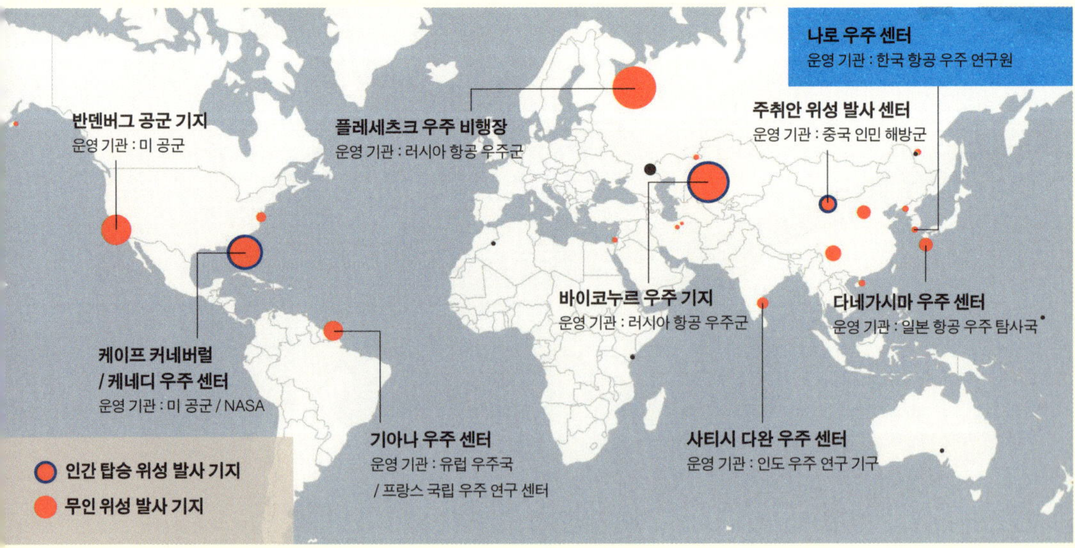

* 발사 횟수는 2022년까지 기준임 * 출처 : CSIS 항공 우주 보안 프로젝트 웹사이트 * 원의 크기는 우주선 누적 발사 횟수에 따른 크기임.

지구의 자전 속도가 다르기 때문이야. 자전 속도가 빠른 적도 부근에서 우주선을 발사하면 빠른 출발 속도에 도움을 받아 우주선의 속도를 높일 수 있어. 지구 각 지역의 자전 속도와 상대 속도를 배우면 더 잘 이해할 수 있어.

2. 외나로도 우주 발사 기지

우리나라도 우주 발사 기지가 있어. 전라남도 고흥군 봉래면 외나로도에 위치한 나로 우주 센터야. 한반도의 남쪽 끝에 대한민국 우주 발사 기지가 위치하는 이유를 이제 알지? 맞아. 위도가 낮을수록 지구 자전의 빠른 속도 효과를 얻을 수 있기 때문이야. 사실 위치만 봐서는 우리나라에서 위도가 가장 낮은 제주도가 가장 좋은 곳이지만 제주도의 자연 문화 유산을 보호하는 차원에서 우주 발사 기지가 외나로도로 결정되었어.

외나로도가 우주 발사 기지로 선정된 이유는 자전의 효과 말고 또 다른 이유가 있어. 앞에서 로켓의 구조를 살펴보았을 때, 3단으로 구성된 것을 봤지? 불을 뿜으며 올라간 로켓이 단을 분리하는 장면을 기억하니? 하늘 높은 곳에서 엄청난 무게의 로켓이 본체에서 분리되어 아래로 떨어지지? 만약 아래쪽에 육지가 있다면 어떨까? 자칫 큰 인명 피해로 이어질 수 있어. 이 때문에 우주 센터는 바닷가에 위치하는 거야. 한반도에는 위도가 더 낮은 최남단 해남이 있지만 그 바로 아래쪽에 제주도가 있기 때문에 위험해. 그래서 외나로도로 결정된 거야.

2000년 12월 우주 센터 개발이 시작된 이래, 2009년 6월에 나로 우주 센터가 준공되었어. 2009년 8월 25일 나로호 첫 발사가 있은 후, 2023년 5월 22일 누리호 3차 발사를 성공으로 대한민국은 명실상부 우주 강국이 되었지. 언젠가 이곳 외나로도 우주 센터에서 달 탐사 유인 우주선이 쏘아질 날을 기대해 보자.

3. 지구의 자전 속도

지구의 자전 속도가 가장 빠른 곳에서 우주선을 쏘아 올리면 출발 속력에 도움을 받아 같은 양의 연료로 더 빠른 속도로 우주선을 쏘아 올릴 수 있어. 그럼 지구의 어느 곳이 자전 속도가 가장 빠를까? 결론을 말하자면 지구의 자전 속도는 위도 0도인 적도에서 가장 크고 위도가 높아질수록 속도가 작아져.

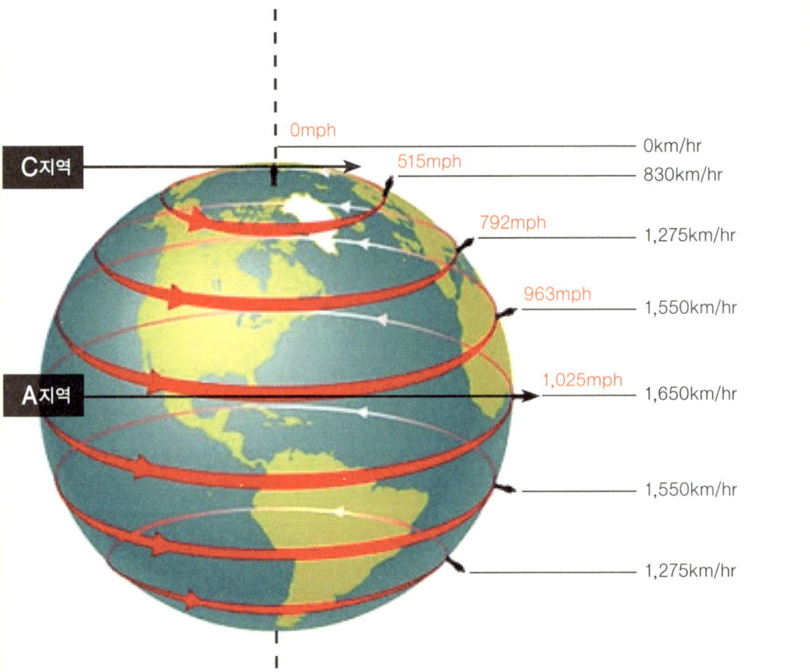

A 지역
위도가 0도인 적도 지역으로 지구 둘레는 길이가 약 40,000km이다. 시속으로 나누면 하루 24시간이므로 약 1,650km/h의 엄청난 속도로 자전하고 있는 것이다. 이것을 초속으로 고치면 약 463m/s으로, 소리의 속도보다도 빠르다.

C 지역
C 지역은 지구 둘레가 A 지역의 반이다. 그럼 둘레의 길이는 20,000km가 되고, 자전 속도도 반으로 줄어들게 된다.

4. 상대 속도

150km/h의 야구공을 맨손으로 잡는 것이 가능할까? 전투기 조종사가 비행 중 눈앞에 뭔가 아른거려 맨손으로 잡았더니 총알이었다는 일화가 사실일까? 이런 일은 이론상으로 가능해. 바로 상대 속도 때문이야.

자동차를 타고 가다가 멈췄을 때, 옆에 큰 버스나 트럭이 달리면 내가 탄 자동차가 뒤로 가는 것 같은 순간을 경험한 적 있니? 이처럼 나의 입장에서 보는 상대편의 속도를 상대 속도라고 해. 상대편의 속도에서 나의 속도를 빼면 상대 속도 값을 구할 수 있어.

같은 방향으로 달리는 차의 상대 속도

상대 차의 속도가 100km/h이고 내 차의 속도가 80km/h야. 상대 차의 속도에서 내 차의 속도를 빼면 상대 속도는 100-80=20km/h야. 내 차에서 볼 때가 상대 차가 20km/h로 달리는 것처럼 보이지.

상대 속도 20km/h

반대 방향으로 달리는 차의 상대 속도

이때는 방향이 반대이므로 상대 차의 속도에서 나의 속도를 뺄 때 음(-)의 수를 적용해. 100-(-80)=180이지. 상대 차가 180km/h로 빠르게 달리는 것처럼 보여. 맞은 편에서 달려오는 차가 실제보다 더 빠른 것처럼 보이는 이유야.

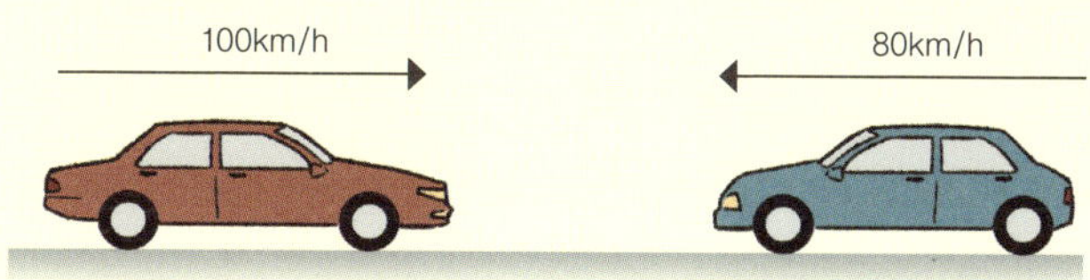

상대 속도 180km/h

5 달로 가려는 자

텍사스와 플로리다의 발사 기지 유치 경쟁이 더욱더 과열되었다. 이와 더불어 바비케인 회장과 캡틴 니콜의 목숨을 건 대결로 인하여 달 포탄 실험은 또다시 나라 전체를 흔들었다. 이제 장소를 결정하고 대포 주조를 시작해야 했다.

바비케인 회장과 실행 위원들이 선불리 장소를 선택하지 못하고 있을 때, 전보 한 통이 대포 클럽으로 날아왔다.

"어서 읽어 보세요, 회장님. 캡틴 니콜이 또 뭔 수작을 거는 게 아닐까요?"

매스턴 대위가 갈고리 손을 흔들며 호들갑을 떨었다. 서연이 주소를 찬찬히 살펴보았다.

"이 전보는 프랑스에서 온 거예요."

바비케인이 회의실 테이블에 자리잡고 앉아 봉인을 뜯어 전보문을 읽었다.

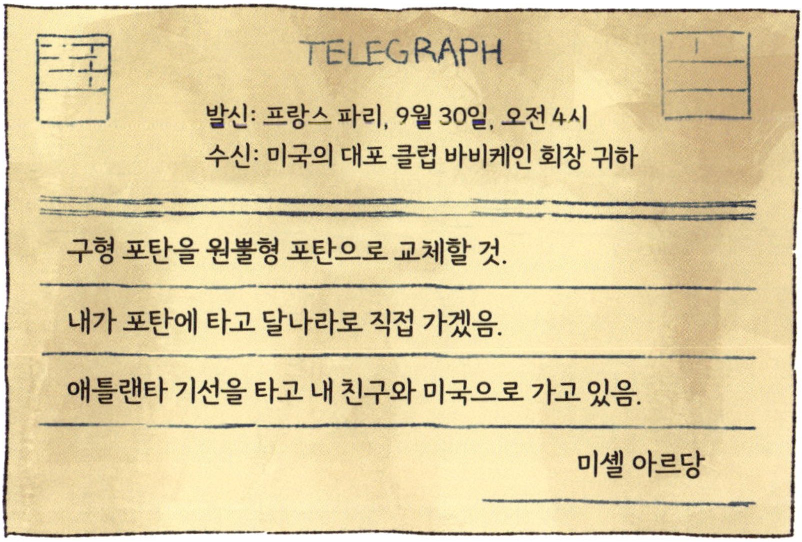

TELEGRAPH

발신: 프랑스 파리, 9월 30일, 오전 4시
수신: 미국의 대포 클럽 바비케인 회장 귀하

구형 포탄을 원뿔형 포탄으로 교체할 것.

내가 포탄에 타고 달나라로 직접 가겠음.

애틀랜타 기선을 타고 내 친구와 미국으로 가고 있음.

미셸 아르당

매스턴 대위가 충격을 받고 바닥으로 쓰러졌다. 뚱뚱한 몸이 오뚝이처럼 움직이며 "농담이야. 정말 재밌는 농담이야."를 중얼거렸다.

바비케인 회장은 입술을 굳게 다문 후 꼼짝하지 않았다. 설마, 전보의 내용이 실현 가능한지 따져 보는 건 아니겠지! 서연은 관성에 관한 책을 읽은 적이 있었다. 관성이란 운동 상태를 유지하려는 성질이다. 예를 들어 버스가 급출발하면 버스에 탄 사람이 뒤로 쏠리고, 급정지하면 몸이 앞으로 쏠리는 현상을 말한다.

"바비케인 회장님은 관성의 법칙을 아시죠? 초속 12km로 날라가는 포탄에 사람이 타면 몸이 종이처럼 납작해져서 죽을 거예요."

서연의 말에 정신이 들었는지 허공을 보던 바비케인의 눈동자에 초점이 돌아왔다.

"안전장치를 하면 가능하지 않겠나?"

"초속 12km라고요. 어떤 안전장치도 그 큰 힘을 견뎌 낼 수 없을 거예요."

"모르지. 찾아보지 않고 불가능하다고 할 수는 없다네."

"서연아, 하지만 우주 비행사들은 우주로 갔잖아."

동해가 말했다.

"그건 로켓 엔진을 사용할 때고. 달로 쏘려는 포탄은 초속 12km야. 이것을 시속으로 고치면……."

큰 숫자가 쉽게 계산이 되지 않았다. 서연은 계산을 잘하는 매스턴을 돌아보았다.

"매스턴 아저씨, 어떻게 되죠?"

"한 시간은 3,600초니까……"

매스턴은 자리를 일어나 종이에 계산을 하고는 말했다.

"시속 4만 3천 2백km야."

서연은 동해를 돌아보았다.

"동해, 너 뉴스에서 고속도로 충돌 사고로 자동차가 형체를 알 수 없게 찌그러진 영상을 본 적 있지? 자동차 속도가 시속 100km야. 달 포탄 속도는 자동차의 432배의 빠르기라고."

동해가 이런 위험을 모르는 건 아닐 거다. 관성에 의하면 포탄 발사는 시속 4만 3천 2백km의 속도로 바닥에 충돌하는 거나 마찬가지다. 바비케인이 우주선, 자동차 같은 말은 이해하지 못하더라도 포탄에 사람이 타는 것이 불가능하다는 걸 모를 리 없었다. 그런데도 바비케인은 포기하지 않고 집요하게 가능성을 타진하고 있었다. 실행 위원들의 집착이 어떤 결과를 불러올지 서연은 겁이 났다. 반면 자신 또한 이 미션을 완수해야 현실로 돌아갈 수 있다는 걸 알기에 마음이 복잡했다. 엘로우 큐가 그리웠다. 엘로우 큐 선생님의 과학 지식이 절실했다.

바비케인이 테이블을 두드렸다.

"모두 집중! 아르당이라는 자가 포탄을 타겠다며 이리로 오는 중이라니, 기다렸다가 그자에게 묻도록 합시다. 우리는 더 늦어지지 않도록 서둘러 포탄 발사 위치를 결정하고 대포 주조를 시작해야 합니다."

만일 아르당이라는 사람이 포탄에 탑승한다면 발사 기지는 텍사스가 아닌 플로리다여야 한다고 서연은 생각했다.

"저는 플로리다가 적당할 것 같아요."

"왜지?"

"그냥 그게 좋겠다는 생각이 들어서요."

아르당이 포탄에 탄다면 로켓 엔진을 사용할 수 있다. 지난번 회의에서 3단 로켓을 만들자는 서연과 동해의 의견이 부결된 건 엔진을 다룰 사람이 없었기 때문이다. 만일 정말 만일, 사람이 포탄에 탈 수 있는 방법이 있다면, 달 포탄이 아닌 달 로켓을 제작할 수 있다. 그렇게만 된다면 일은 더 쉬워질 것이다. 그럴 경우 플로리다가 적당하다. 텍사스는 대륙 중간이라서 1단 로켓 엔진을 떨어뜨릴 때 사람들이 다칠 수 있기 때문이다. 로켓을 발사하는 우주 센터가 바다를 끼고 있는 이유다.

"좋아! 지금은 1분 1초가 급한 때야. 만일 우리가 텍사스를 선정하면 텍사스의 도시들끼리 또다시 경쟁할 거야. 이제 더 이상 지체할 시간이 없네."

매스턴이 자리에서 일어났다.

"찬성입니다, 회장님. 발사 기지를 플로리다의 템파로 결정했다고 발표하겠습니다. 그리고 아르당의 소식도 같이 전하겠습니다."

대포 클럽의 발표로 또다시 전국이 들썩였다. 미셸 아르당이라는 프랑스 사람은 도대체 무슨 용기로 포탄을 타고 달로 간다는 것인지, 그게 가능한 일인지를 놓고 소란이 일었다. 아르당이 대서양을 건너오는 동안 사람들의 기대는 더욱 커져만 갔다. 이제 달로 포탄을 쏘는 것보다 사람이 달로 갈 수 있는지에 사람들의 관심이 집중되었다.

바비케인은 신경을 끄고, 발사 기지를 세우는 데 전념했다. 수많은 인부를 고용해서 대포와 포탄을 주조하는 공장을 지었다. 플로리다의 도시 템파는 사방에서 몰려드는 사람들로 인해 번화한 도시가 되었다. 구경꾼들도 각지에서 모여들었다. 사람들은 달 포탄이 만들어지는 역사적인 날들을 직접 보고 싶어 했다. 하지만 대포와 포탄을 주조하는 현장은 위험하기 때문에 일반인에게 공개하지 않았다. 대포 클럽 회원들만이 매스턴의 안내를 받아 현장을 탐방할 수 있었다. 각지에서 공수해 온 주철을 녹이느라 용광로만 무려 1,200기였다. 회원들을 이끌고 매스턴 대위가 1,200기의 용광로를 차례로 점검했다.

대포를 주조하기로 한 전날 밤, 서연은 동해와 백근 그리고 바비케인 회장과 매스턴 대위와 함께 높은 곳에 올라 역사적인 현장을 내려다보았다.

1,200개의 굴뚝이 철광석을 녹이느라 쉴 새 없이 검은 연기를 공중으로 내뿜었고 땅이 둔중하게 진동했다. 한편에서는 300m 깊이의 수직갱을 파느라 인부들이 분주하게 움직였다.

주조 작업이 시작되는 순간 1,200개의 배출구가 동시에 열리더니 엄청난 양의 쇳물이 흘러나왔다. 쇳물은 흘러서 300m 깊이의 수직갱 아래로 폭포처럼 쏟아졌다. 실로 웅장한 광경이 감동이었다. 쇳물이 부어지면서 식는 소리가 마치 괴물이 울부짖는 소리처럼 들렸다.

"대단해, 저건 마치 꿈틀거리는 거대한 불뱀 같아!"

눈앞에 펼쳐진 광경에 동해가 감탄하며 말했다.

"우와, 끈적끈적 딸기잼이 흐르는 강 같아!"

매스턴 대위가 웃으며 백근에게 말했다.

"하하하, 백근 동지는 뭐든 음식으로 생각하는군."

"히히, 대위님도 같은 생각을 한 거 아니에요?"

"눈치챘나? 난 케첩을 생각했거든."

그 소리에 모두가 웃음을 터트렸다.

바비케인이 주먹을 입에 대고 헛기침을 하며 말했다.

"자, 여러분. 저 쇳물이 식으면 대포 주조는 완성입니다. 내일 아침에는 무모한 손님을 맞이하러 갑시다."

무모한 손님은 포탄에 타고 달로 가겠다는 아르당이었다.

플로리다 해협 저편에 기선이 뿜는 검은 연기가 보이기 시작했다. 아르당이라는 자를 보기 위해 군중이 항구에 모여 있었다. 사람들은 손가락으로 배를 가리키며 웅성거렸다. 군중의 기대감이 점차 올라가고 있었다.

드디어 거대한 기선이 템파 항에 닻을 내렸다. 기선의 옆면에 '애틀랜타 호'라고 쓰여 있었다. 달 포탄을 타겠다고 온 미치광이를 보려는 사람들이 보트를 타고 애틀랜타 호로 돌진했다. 무려 500척의 보트였다. 보트가 순식간에 애틀랜타 호를 둘러쌌다.

애틀랜타 호에 가장 먼저 오를 수 있는 사람은 당연히 바비케인이었다. 바비케인이 선두에서 배에 올랐고, 다음은 실행위원과 아이들이 갑판 위로 올라갔다. 애틀랜타 호에는 많은 승객들이 있었다. 이들 중에 괴짜는 어디 있단 말인가? 모두 아르당을 찾았지만, 도대체 누군지 알 수 없었다.

매스턴 대위가 손을 모아 크게 소리쳤다.

"미셸 아르당! 우리의 괴짜 영웅 미셸 아르당, 어디 있소?"

매스턴의 외침에 저편 승객들 사이에서 한 남자가 붉은색 머리카락을 사자처럼 휘날리며 다가왔다.

"여기 있소! 내가 미셸 아르당이요. 당신이 바비케인이오?"

미셸 아르당은 외모부터 심상치 않았다. 붉은색 머리털이 실제로 있던가? 고양이처럼 뻣뻣한 수염도 붉은색이었다. 긴 다리에 다부진 체격, 붉은 계통 양복은 그를 더욱 자유로운 인간으로 보이게 했다.

실행 위원과 아이들이 아르당을 둘러쌌다.

“내가 바비케인이오. 먼 길 오시느라 수고했소.”

바비케인이 앞으로 나가 아르당과 악수를 했다. 둘은 서로의 눈을 보며 웃고 있었다. 서연은 포탄을 타고 달로 날아가는 아르당이 그려졌다. 무모함이 실현될 것 같은 예감이었다.

“진정, 이토록 위험한 도전을 하려는 겁니까?”

“모험에는 늘 위험이 따르죠.”

“심사숙고하셨습니까?”

“달나라에 최초로 발을 내디딜 수 있는 기회가 찾아왔는데 심사숙고가 웬 말이오.”

미셸 아르당은 해변을 거니는 것처럼 태평하게 말했다.

“그렇더라도 말입니다. 과학 지식을 동원해서 안전장치를 해야겠습니다.”

“걱정 마세요, 바비케인 회장님. 과학자인 내 친구가 안전하게 우주에 갈 수 있는 해결책을 알려 주었죠.”

“과학자 친구요? 그가 누굽니까? 어디에 있나요?”

"저와 같이 왔지요."

그때 뒤쪽 군중들 사이에서 목소리가 들렸다.

"아르당, 내 친구! 어디 있나? 나만 두고 혼자 가면 어떻게 해!"

서연와 동해, 백근이 눈을 동그랗게 뜨고 서로 마주 보았다. 귀에 익숙한 저 호들갑스러운 목소리는 분명!

"옐로우 큐 선생님!"

아이들이 동시에 소리쳤다. 서연이 까치발을 하고 둘러보았다. 승객들 사이로 노란 실루엣이 보였다. 노란색 모자, 노란색 옷은 옐로우 큐의 전매특허이다.

"선생님!"

"옐로우 큐 선생님, 여기요. 여기예요."

아이들을 발견하고는 믿지 못하겠다는 듯 옐로우 큐가 자신의 눈을 비벼 댔다. 그러더니 곧 잃어버린 자식을 찾은 것처럼 달려와 눈물을 글썽이며 아이들을 끌어안았다.

"학생들, 나만 두고 어디 갔었어? 그렇게 함부로 돌아다니면 어떻게 해?"

"무슨 소리예요? 선생님이 딴 곳으로 가신 거라고요. 우린 대포 클럽 바비케인 회장님과 같이 있었어요."

"선생님이 안 계셔서 얼마나 힘들었다고요. 달 포탄 회의에서 동해와 제가 과학을 설명하느라 기절하는 줄 알았어요."

"너희 대포 클럽에 있었어? 달 포탄 회의? 아쉽네. 그런 회의라면 내가 참석했어야 하는데 말이야. 대포와 포탄의 원리는 물리학으로 설명해야 하거든. 뉴턴의 제 3법칙 작용과 반작용을 알아야 설명할 수 있어."

"선생님! 설명은 나중에요."

"호호, 그래. 학생들 지금까지 애썼어. 이제부터 선생님이 다 해결할게."

서연이 눈물 젖은 눈으로 밝게 미소를 지었다. 옐로우 큐를 만났으니 미션은 곧 해결되고 현실로 돌아갈 수 있을 것이다.

"어쨌든 다행이야. 이렇게 만났으니 말이야."

만남의 기쁨을 나누고 서로의 안부를 묻는 것은 잠시 미뤄 둬야 했다. 미셸 아르당이 옐로우 큐에게 다가왔기 때문이다.

"회장님, 내 친구 옐로우 큐를 소개합니다."

아르당이 옐로우 큐의 옆에 서자, 둘은 마치 쌍둥이처럼 보였다. 한 명은 빨간색, 한 명은 노란색 옷을 입은 쌍둥이 말이다. 바비케인이 옐로우 큐에게 다가갔다.

"안녕하십니까? 옐로우 큐, 우리 대포 클럽 어린이 동지들과 아는 사이 같은데, 과학자라고요?"

"하하하, 그렇습니다. 그동안 학생들을 돌봐주셔서 감사합니다. 저로 말할 것 같으면 과학 전 분야에 통달한 과학자로 저 바다의 해양 생물학과 지질학, 위로는 천문학과 기상학을 마스터했으며……."

서연과 아이들은 마주 보며 웃었다. 누구를 만나든 호들갑스러운 옐로우 큐였다. 자신들에게는 그리운 모습이지만, 사람들은 이상하게 생각할 것이다. 역시나 곱지 않은 시선들이 느껴졌다. 서연이 얼른 나서서 옐로우 큐의 팔을 잡아당겼다.

"하하하, 아무튼 옐로우 큐입니다."

"과학자라고요? 사실인지 잠시 테스트해도 되겠소?"

바비케인이 의심의 눈으로 바라보았다.

"테스트요? 얼마든지!"

"달의 칭동에 대해 아시오?"

옐로우 큐는 손가락을 딱 하고 튕겼다.

"이 시대에 달이 진동하는 칭동을 아십니까? 칭동은 달이 공전하면서 작게 진동하는 것이죠. 우리는 달의 한 면만 보고 있다고 생각하지만, 칭동 때문에 실제로는 59%를 보고 있는 것이죠."

바비케인은 고개를 끄덕였다. 칭동 현상을 아는 과학자는 별로 없었기 때문이다. 옆에 있던 매스턴이 물었다.

"옐로우 큐 씨, 우리는 초속 12km로 포탄을 발사할 것이오. 그 포탄 안에서 관성을 이겨 낼 수 있겠소?"

"호호호, 바비케인 회장님 정도의 식견이면 이미 그 답을 아실 텐데요?"

옐로우 큐의 대답에 바비케인은 비밀을 들킨 사람처럼 얼굴이 붉어졌다. 비비케인은 포탄에 사람이 타는 게 불가능하다고 말하면서도 포기하지 않고 탑승자에 가해질 충격을 줄일 방법을 연구했던 것이다. 바비케인이 말했다.

"물로 충격을 줄일 수 있다고 생각했소."

"가능하지요. 로켓 엔진을 다는 게 더 좋은 방법이지만요."

바비케인이 서연을 돌아보았다. 서연이 로켓 엔진 이야기를 했던 걸 떠올렸기 때문이다.

"그 안은 이미 부결됐소. 엔진을 작동할 수 없기 때문이오."

"내 친구 아르당이 포탄을 타면 엔진을 켜서 로켓을 분리할 수 있죠."

바비케인이 환하게 웃으며 옐로우 큐에서 손을 내밀었다.

"선생, 우리를 도와주겠소?"

옐로우 큐가 바비케인의 손을 마주 잡았다.

"그러려고 우리가 여기로 온 것입니다."

매스턴 대위가 갈고리 손을 들며 소리쳤다.

"우리의 영웅 미셸 아르당 그리고 옐로우 큐, 만세!"

주변에 있던 사람들이 박수를 치며 함께 환호했다.

서연이 옐로우 큐를 잡아끌어 사람들 사이에서 빠져나왔

다. 동해와 백근도 서연을 따라갔다.

“선생님! Q 배지는요?”

“Q 배지?”

옐로우 큐가 부산스럽게 자신의 몸을 뒤지더니 뒷주머니에서 Q 배지를 꺼냈다.

“후유, 다행이에요. Q 배지 없이 어떻게 돌아가야 하나, 얼마나 마음을 졸였다고요. 그리고 선생님, 여기가 쥘 베른의 《지구에서 달까지》 소설 속 맞죠? 지난번에 선생님이 읽고 계신 것 봤어요. 내용 아시죠?”

“고럼 고럼, 학생들, 걱정 마. 나 그 소설은 읽었어.”

“이야기가 어떻게 전개되죠?”

“달로 가는 이야기지. 저기 바비케인과 아르당이 포탄을 타고 달로 가는 이야기라네.”

“확실하죠?”

“그럼! 그런데 말이야. 포탄에 타는 사람이 한 사람 더 있어. 누군지 기억이 안 난다네.”

옐로우 큐가 머리를 긁적이며 말했다.

서연은 군중에 둘러싸인 달 포탄 개발 실행 위원들을 하나하나 살펴보았다. 매스턴이 보였다. 지금까지 행적을 보건대

이 소설의 또 다른 주인공은 매스턴이 분명했다.

"짐작 가는 인물이 있어요. 우리가 그 세 명을 달로 보내면 이번 미션을 성공하는 거겠네요?"

아르당이 다가와 옐로우 큐의 어깨에 손을 둘렀다.

"내 친구 옐로우 큐, 내려가세. 군중들이 기선 밖에서 기다리고 있다네. 우리가 그들의 궁금증을 해결해 줘야지."

"그럼 그럼, 그래야지! 친구, 내려 가자구."

매스턴 대위가 뒤뚱거리며 백근을 찾았다.

"내 짝꿍, 오백근."

"네! 여기 오백근 있습니다, 매스턴 대위님."

백근이 매스턴의 팔짱을 끼었다. 동해가 바비케인에게 달려갔다. 바비케인이 동해의 머리를 쓰다듬었다.

"다들 비슷한 사람을 잘도 찾았네."

혼자 남은 서연은 섭섭한 마음이 들었다. 한편으로 저마다 들떠 있는 일행이 지금보다 사태를 심각하게 만들까 봐 걱정도 되었다. 폭주를 막아설 사람은 자신밖에 없었다. 이제 《지구에서 달까지》 소설의 주인공이 다 모였다.

"민서연, 힘내자. 이제 거의 다 왔어."

템파 항에는 연단이 마련되어 있었다. 연단 앞으로 끝이 보이지 않을 만큼 많은 사람이 모여 있었다. 최초로 달에 갈 지구을 향한 호기심으로 눈들이 빛나고 있었다.

달 포탄 실험 실행 위원과 아이들은 무대 위로 올라갔다. 군중의 함성과 박수 소리가 울렸다. 기선의 기적 소리가 작게 들릴 지경이었다. 역시 붉은 사자 미셸 아르당과 바나나 맨 옐로우 큐가 눈에 확 띄었다. 그리고 그 둘 사이에 석상처럼 단단한 바비케인 회장이 서 있었다.

셋이 연단 앞으로 나갔고, 아이들은 뒤쪽 의자에 앉았다. 군중의 환호에 취한 옐로우 큐가 까불거리면서 연단을 뛰어다녔다. 서연은 옐로우 큐에게 눈을 흘겼다.

"정말이지, 옐로우 큐 선생님은 누구도 못말려."

"특이한 선생님이지."

동해가 의자에 기대며 고개를 절레절레 흔들었다.

바비케인이 두 손을 높이 들자 군중이 잠잠해졌다.

"여러분, 어제 쇳물이 주형에 부어졌고 대포가 완성되었습니다. 오늘 이 시간에는 포탄의 모양을 결정하겠습니다."

군중들은 침묵한 채 바비케인의 입술만 바라보고 있었다. 바비케인은 뒤쪽에 서 있는 아르당을 앞으로 나오게 했다.

"여러분, 소개합니다. 미셸 아르당입니다. 이 용감한 친구를 달로 보내기 위해 나는 원뿔형 포탄을 제작할 것입니다."

바비케인이 선언하자 다시 군중이 환호했다. 사람들은 '바비케인'과 '달로 가자'를 외쳤고, '아르당'을 외치는 사람도 있었다. 아르당이 손을 들자 군중석이 조용해졌다.

"저 미셸 아르당은 무식한 사람입니다. 오직 달에 가려는 생각뿐이죠. 여기 과학자 옐로유 큐와 대포 클럽의 바비케인 회장이 저를 달로 보낼 것입니다."

다시 군중들의 환호와 외침이 들렸다.

"이제, 여러분들의 질문을 받겠습니다."

맨 앞의 한 신사가 손을 높이 들고 크게 소리쳤다.

"초속 12km는 음속의 35배요. 포탄에서 그 속도를 이겨낼 수 있을까요?"

"잘 아시는군요. 하지만 지금 당신은 그 세 배의 속도로 움직이고 있답니다. 지구가 태양을 공전하는 속도가 초속 30km죠."

신사는 입술이 달싹거렸지만 다른 말을 하지 못했다. 아르당이 말한 것이 사실이기 때문이었다. 반대편에서 중절모를 쓴 남자가 손을 들었다.

"대포는 지구의 중력을 거슬러 올라갈 거요. 지구와 달의 중력이 평형점을 지나면 포탄이 달로 떨어질 겁니다. 속도가 점점 빨라져서 당신은 달에 처박힐 것이오."

이건 사실 실행 위원들도 궁금한 질문이었다. 아르당이 옐로우 큐의 어깨에 손을 올렸다.

"그 질문은 내 친구 옐로우 큐가 대답할 것입니다."

옐로우 큐는 질문을 예상했는지, 노란 옷 안주머니에서 무언가를 꺼냈다. 그러고는 하늘로 그 물체를 던지며 소리쳤다.

"바로 이겁니다."

물체가 하늘로 올라가서 확 펴졌다. 작은 낙하산이었다.

"포탄 앞쪽에 낙하산을 설치할 것입니다."

군중들이 넋을 놓고 옐로우 큐의 퍼포먼스를 바라보았다. 그때 중절모를 쓴 남자가 대중의 무지를 깨려는 듯 소리쳤다.

"달에는 공기가 없소. 공기가 있어야

낙하산을 펼칠것 아니오?"

틀린 말은 아니다. 낙하산은 공기의 저항을 이용해야 한다. 옐로우 큐는 손가락을 들었다.

"달에는 공기가 적을 뿐, 없지는 않죠. 그리고 우리는 낙하산 외에 또 다른 장치를 설치할 겁니다."

옐로우 큐는 주머니에서 풍선을 꺼내 불었다. 풍선은 크게 부풀었다. 곧이어 풍선을 손에서 놓자 바람이 빠지면서 이리저리 날아다녔다.

"역추진 엔진의 원리입니다. 달에 착륙하면서 역추진 엔진을 가동하여 사뿐히 내릴 것입니다."

중절모를 쓴 남자가 굴하지 않고 질문 공세를 했다.

"공기가 거의 없는 달에서 어떻게 살 것이오? 아르당은 죽을 것이오. 그 책임은 바로 얼토당토한 일을 계획한 당신에게 있소."

중절모를 쓴 남자는 손가락으로 바

비케인을 가리켰다. 남자의 눈매가 눈에 익었다. 서연이 앞쪽으로 튀어나오며 소리쳤다.

"캡틴 니콜! 캡틴 니콜이에요."

사진에 캡틴 니콜과 상백이 함께 있었다. 서연은 서둘러 상백을 찾았지만, 보이지 않았다. 바비케인도 캡틴 니콜을 알아보고는 날카로운 눈으로 남자를 째려보며 외쳤다.

"우리는 모든 걸 검토했소. 달 포탄은 성공할 거요."

"웃기는 소리! 초속 12km의 포탄에 타겠다니, 말도 안 돼! 대포를 발사하는 순간 저자는 찌부러져서 죽을 거야."

바비케인이 뒤를 돌아 서연을 보았다. 그러고는 다시 캡틴 니콜을 보고 소리쳤다.

"우리는 로켓 엔진을 사용할 거요. 그건 곧 발사 속력을 낮춘다는 것이오. 아르당이 포탄에 탑승하면 로켓 엔진을 조종할 수 있소."

캡틴 니콜은 바비케인의 대답에 이를 뿌드득 갈았다. 그리고 소리쳤다.

"그럼, 호흡에 필요한 산소는 어떡할 거지? 포탄을 타고 97시간을 가야 하는데 포탄 안에는 산소가 턱없이 부족해."

그 대답은 옐로우 큐가 나섰다.

"답은 화학에 있습니다. 화학적인 방법으로 산소를 만들 거예요."

대답은 옐로우 큐가 했지만, 캡틴 니콜은 바비케인에게서 적의에 찬 눈을 거두지 않고 소리쳤다.

"아르당은 죽을 거야! 바비케인 당신은 아르당을 죽인 살인자가 될 거라고."

"날 모욕하지 마시오! 우리는 달에 발을 디딜 것이오. 달에 우리의 깃발을 꽂을 것이야."

자신감 넘치는 바비케인에게 군중들이 환호했다. 뒤이어 캡틴 니콜이 뭐라고 소리쳤지만, 환호에 휩쓸려 들리지 않았다.

서연이 옐로우 큐의 팔을 잡으며 말했다.

"선생님, 이럴 때가 아니에요. 캡틴 니콜과 상백이 같이 있는 신문 기사를 봤어요. 분명 함께 있을 거라고요."

"상백 학생, 너희와 함께 있는 거 아니었어?"

"아니에요. 상백이를 찾아야 해요. 어서 캡틴 니콜을 만나러 가요."

서연이 캡틴 니콜이 서 있던 자리를 돌아보았지만, 이미 그는 군중들 사이로 사라진 후였다.

옐로우 큐의 수업노트 05

로켓과 우주선 개발

초5-2 물체의 운동 | 중1 여러 가지 힘 | 중3 과학 기술과 인류 문명

최초의 우주인은 누구일까?

닐 암스트롱 아니에요?

닐 암스트롱은 달에 처음 간 사람이지.

로켓을 타고 최초로 간 건 동물 아니에요?

사람과 비슷한 원숭이가 먼저 가지 않았을까?

1. 조선 시대 첨단 로켓 병기

로켓은 불을 뿜어 작용과 반작용의 힘을 이용하여 날아가는 거야. 우리나라 조선에는 장거리 공격용 병기 신기전이 있었어. 화약을 넣은 통이 붙을 붙여 화살을 쏘는 로켓이지. 신기전 이전부터 우리나라에는 이런 로켓 병기가 있었어. 화약을 독자적으로 개발한 최무선 장군이 화통도감을 설치하여 개발한 '주화'가 바로 그것이야. 화약을 통에 넣어 화살이 날아가도록 만들었지. 1232년 중국에도 비화창이라는 로켓 무기가 있었다고 해. 우리에게 익숙한 현대의 로켓은 어떻게 개발되고 발전한 걸까?

2. 현대 로켓의 시작

미국의 고다드 박사는 현대 로켓의 아버지라고 불리지. 그는 액체 추진체를 개발했어. 그 결과 기체 추진체보다 더 안정적으로 멀리까지 비행할 수 있었어. 고다드 박사는 1926년에 총 무게 27kg의 로켓을 쏘아올렸고, 이 로켓은 점화 후 2.5초 동안 수직으로 12m를 올라갔어. 수평으로는 56m를 날아갔지. 이것이 전 세계 최초의 액체 로켓이야.

세계 최초의 액체 로켓 발사 직전 장면

V2로켓은 전체 길이 14m, 추력은 25t, 최대 비행 거리는 320km에 달했다.

로켓은 2차 세계 대전 때 성능이 급속히 발전했어. 독일의 과학자와 엔지니어들은 이때 최초의 미사일과 로켓을 개발했어. 로켓은 폭탄을 싣고 날아가 멀리 있는 표적을 폭격할 수 있어, 아군의 병력 손실을 줄일 수 있는 첨단 기술이지. 독일은 자금 부족과 연합군의 로켓 기지 파괴로 예상했던 성과를 이루지 못하다가, 1942년에야 V2 로켓 발사에 성공했어. 탄두에 1t의 폭탄을 싣고 날아가 엄청난 위력을 보여 주었지.

전쟁이 끝난 후, 로켓의 위력을 실감한 강대국들은 V2 로켓을 개발한 비밀 문서를 빼돌리기에 혈안이 되었지. 당시 확보한 정보를 바탕으로 강력한 로켓을 만들었고, 미국과 소련의 냉전 시대로 접어들면서 경쟁적으로 로켓을 우주로 쏘아 올리는 미소 우주 경쟁 시대가 시작되었어.

3. 최초의 인공위성, 최초의 우주인

첫 우주 시대를 알리는 로켓은 구소련의 스푸트니크 1호야. 1957년 10월 4일에 쏘아 올려진 스푸트니크 1호는 무게 83.6kg의 안테나가 4개 달린 인공위성을 실었어. 이것은 지구의 타원 궤도로 돌다가 사라졌지. 이때 적대적인 관계에 있던 미국은 큰 충격을 받았어. 만일 로켓이 실은 것이 핵폭탄이면 핵미사일의 공격을 받을 수 있기 때문이야. 우주 경쟁의 시작은 소련의 승리였어. 소련은 곧이어 스푸트니크 2호를 쏘면서 개 라이카를 태웠어. 로켓에 사람을 태워 우주로 보낼 계획에 앞서 동물 테스트를 한 거야. 안타깝게도 라이카는 돌아오지 못했단다.

스푸트니크 2호를 타고 우주로 간 라이카

1961년 드디어 소련의 로켓 보스토크 1호에 최초의 우주인 유리 가가린이 탑승했어. 소련에서 발사된 우주선은 태평양을 지나 남아메리카를 건너 아프리카를 통해 다시 소련으로 돌아왔어. 지구를 한 바퀴 도는 108분간의 우주 여행을 하는 동안 지구와 통신도 했어. 돌아올 때 역추진 엔진으로 속도를 줄이고 캡슐을 분리해 지구 대기권으로 진입했고, 유리 가가린은 낙하산을 타고 땅으로 내려왔어. 이제 소련의 다음 목적지는 어딜까? 맞아. 바로 달이야.

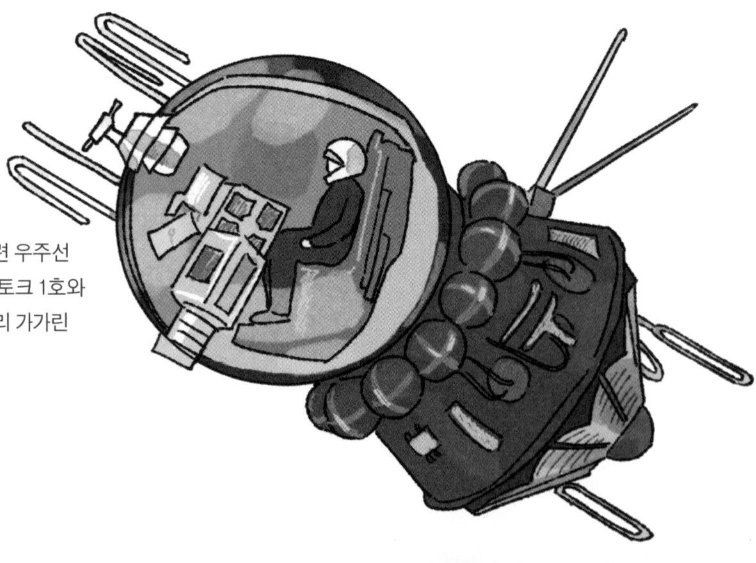
소련 우주선 보스토크 1호와 유리 가가린

4. 달 착륙에 성공하다

하지만 소련과의 우주 경쟁에서 뒤쳐져 있던 미국은 이를 한 방에 역전시키는 계획을 내세웠어. 바로 인간을 달로 보내는 계획이야. 오랫동안 인간이 달에 가는 것은 상상 속에서만 가능했어. 하지만 케네디 대통령은 10년 안에 인간을 달로 보내자는 아폴로 계획을 발표했고, 그 후 막대한 예산을 투입해서 달 착륙을 시도했지. 1967년 아폴로 1호 이후 여러 번의 시험 비행 끝에 드디어 아폴로 11호가 1969년 7월 16일에 발사되어, 7월 20일 닐 암스트롱이 달에 첫 발을 내딛는 역사적 사건을 만들었지.

달에 첫 발을 디딘 닐 암스트롱과 그의 발자국

달 탐사는 막대한 비용이 들고 더군다나 엄청난 위험이 도사리고 있어. 작은 결함이나 조금이라도 빗나간 예측으로 목숨을 잃을 수 있지. 실제로 우주왕복선 챌린저 호가 발사 직후 폭발하는 사건으로 조종사들이 사망했어. 미국은 첫 달 탐사 이후 1972년까지 6차례 인간을 달로 보냈고, 달 탐사 연구를 수행했어. 이후 막대한 예산과 어려움으로 연구 개발이 중지되었지.

닐 암스트롱은 달에 착륙한 후 이런 말을 남겼어. "이것은 한 명의 인간에게는 작은 발걸음이지만, 인류에게는 위대한 도약이다."

비록 지금은 달에 사람이 가지는 않지만, 개인이 우주선을 타고 우주여행을 하는 시대가 되었어. 언젠가는 수학여행을 달로 가는 날이 올 거라고 생각해.

6 사생결단 결투장

지구의 사자가 되어 직접 포탄을 타고 달로 가겠다는 미셸 아르당! 그 아르당이 온 날 밤, 템파 항은 밤새도록 파티가 벌어졌다. 사람들은 마치 자신이 달나라에 가는 듯 기대에 들떴다. 옐로우 큐와 아이들도 다시 만난 기쁨을 나누느라 새벽이 되어서야 잠자리에 들었다. 아침이 되었지만 아무도 깨어나지 못했다.

서연은 꿈 때문에 잠을 설쳤다. 이번에는 동해와 상백이 싸우는 꿈이었다. 서연이 싸움을 말리려고 두 아이들 사이로 끼어 들어갔다가 머리를 뜯기고 눈을 뜬 것이다.

"후유, 다행이다. 이번에도 꿈이었어."

서연은 친구들을 깨우러 방을 나갔다. 거실 테이블 위에 종이 한 장이 보였다. '결투장'이라고 큼지막하게 쓰여 있었다.

"에후, 현실이 이러니 자꾸 이상한 꿈을 꾸지."

서연은 종이를 슬쩍 읽었다가 눈이 튀어나오는 줄 알았다. 결투장은 캡틴 니콜이 바비케인에게 보낸 것이었는데, '총을 가져오는 것을 잊지 말라'라고 쓰여 있었다. 덧붙이는 말에는 천동해도 나오라고 적혀 있었는데, 마상백이 덧붙여 쓴 글임을 서명으로 밝혀 놓았다. 서연이 급히 바비케인과 동해를 찾았지만, 그들은 없었다. 총으로 겨루는 결투에 동해와 상백이 함께한다고? 날짜를 살펴보니 바로 오늘이었다. 약속한 시간이 얼마 남지 않았다.

"뭐야! 상백이가 도대체 왜 이러는 거야?"

서연은 침실 쪽으로 가서 이 사실을 급히 알렸다.

"큰일이에요! 빨리 일어나요. 바비케인 회장님이 캡틴 니콜과 결투를 하러 나간 것 같아요."

침실 문을 열고 사람들이 하나둘 나왔다. 가장 먼저 나온 사람은 매스턴 대위였다. 그는 갈고리 손으로 고무 머리를 긁으며 말했다.

"서연 양, 아침부터 왜 이렇게 소란이야?"

서연은 결투장을 매스턴의 얼굴 앞으로 올려 흔들었다.

"이것 좀 보세요."

매스턴이 결투장을 읽고 눈을 번쩍 떴다.

"으윽, 큰일났네!"

아르당, 옐로우 큐, 그리고 백근이 문을 열고 나왔다.

옐로우 큐가 하품을 했다.

"매스턴 대위님, 미국의 아침은 늘 이렇게 소란스럽나요?"

"그게 아닙니다. 바비케인 회장님이 캡틴 니콜의 결투장을 받고 나간 게 분명해요. 결투를 하려는 거죠."

옐로우 큐가 서연에게서 결투장을 받아 읽었다.

"설마, 서부 영화에서처럼 총을 쏘고 막 그러지는 않겠죠?"

서연의 물음에 옐로우 큐가 심각한 얼굴로 말했다.

"장담할 수 없어. 이 시대 남자들의 결투는 쉽게 생각할 게 아니야. 목숨을 걸고 대결하는 거라고."

백근이 어리둥절해하며 이리저리 동해를 찾았다.

"동해, 천동해가 없어요. 나랑 같이 잤는데. 이 녀석 언제 나갔지?"

동해가 자신이 좋아하는 바비케인 회장을 따라나선 것이다. 캡틴 니콜과 한편이 된 상백도 마찬가지리라. 소설 속으로 들어오긴 전 우주 박물관에서부터 둘이 다투었는데, 지지하는 인물까지 서로 앙숙인 사람들을 만난 것이다. 그 바람에 묻어 둔 악감정이 떠올라 결국 이런 사태가 일어났다.

옐로우 큐가 소리쳤다.

"동해와 상백 학생이 위험해요. 어서 나갑시다. 여기 대결 장소를 써놨잖아요. 스커스노 숲! 누구 아는 사람 있어요?"

매스턴 대위가 갈고리 손을 들었다.

"내가 거기를 압니다."

숲에 도착한 일행이 거친 숨을 내쉬었다. 매스턴 대위를 따라 숨 고를 시간도 없이 뛰어왔기 때문이었다.

매스턴 대위가 숲을 향해 소리쳤다.

"회장님! 바비케인 회장님."

돌아오는 대답이 없었다. 매스턴 대위가 숲 속으로 뛰어 들어갔고, 다시 일행이 뒤를 따랐다. 거대한 나무 사이사이를 다니며 바비케인을 불렀지만, 공허한 메아리만 돌아올 뿐이었다. 친구들 간에 해치는 일이 일어날까 봐 서연은 눈앞이 캄캄했다.

"어서 찾아요. 어서 움직이자고요."

"서연 학생, 숲은 넓어. 막무가내로 다녀서는 안 된다네."

"그럼 어떡해요. 사고가 나기 전에 친구들을 찾아야지요."

마침 땔나무를 지고 숲에서 나오는 사람이 있었다.

"여보시오. 숲에서 소총을 메고 지나가는 사람 못 봤소?"

"봤어요. 눈매가 매서운 어른과 아이였습니다."

"당신, 바비케인은 알죠? 그였나요?"

"그 사람을 누가 모르겠습니까? 그가 아닙니다."

그렇다면 캡틴 니콜과 상백일 것이다.

"그 사람들을 어디쯤에서 만났나요?"

"숲의 언저리였어요. 동쪽으로 가고 있었습니다."

남자가 가리키는 방향으로 옐로우 큐가 뛰면서 소리쳤다.

"대위님, 당신은 아르당과 바비케인 회장을 찾으러 가세요. 저와 학생들은 캡틴 니콜을 찾을게요."

"학생들, 서두르자! 상백 학생을 말려야 해. 빨리빨리."

1865년 개발되지 않은 숲은 야생 그 자체였다. 떡갈나무와 올리브나무가 울창하게 자라 있었고, 사람 키만한 고사리들로 시야가 가려졌다. 나무 위에서 동물들이 우는 소리가 들려서 불안감은 더 커졌다.

"서연 학생, 벌써 결투가 시작된 건 아니겠지? 동해 학생과 상백 학생이 설마 서로를 해치려는 건 아니겠지?"

옐로우 큐가 불안해하며 말했다.

"이렇게 숲이 넓은데 아직 만나지는 못했을 거예요. 만났다면 총소리가 들렸을 거고요."

"역시, 서연 학생이야. 믿음직스러워."

"제가 학생이니까, 제가 선생님을 믿도록 해 주세요."

서연의 말에 옐로우 큐가 멋쩍게 웃다가 발을 헛디뎌서 넘어졌다.

"에그, 선생님 괜찮으세요? 주위를 잘 살피셔야죠."

"괘, 괜찮다네. 나 좀 일으켜 줘."

30분 쯤 숲속을 헤맸을까? 백근이 수풀 사이에서 사람의 옷자락을 발견했다.

"선생님, 서연아. 저쪽이야."

셋은 넓직한 나무 뒤에 몸을 숨기고는 백근이 가리킨 곳을 유심히 살펴봤다. 상백이었다.

"함부로 나서지 말자. 캡틴 니콜은 총을 가지고 있어. 근처에 있다가 놀라서 우리를 쏠지도 몰라."

서연과 백근은 옐로우 큐 선생님 말대로 숨죽여 상백을 지켜보았다. 상백은 야생화를 들여다보고 있었다. 그러다가 꽃에 코를 가져가 냄새를 맡았다. 향이 좋은지 밝게 웃었다.

그때, 백근이 나무 위의 커다란 뱀을 발견했다.

"뱀이야. 상백이가 위험해."

뱀은 갈라진 혀를 날름거리며 상백을 공격하려는 듯이 몸을 움츠렸다. 서연이 일어서 상백에게 소리쳤다.

"상백아, 위험해!"

서연의 외침에 상백은 고개를 들었고 뱀과 눈이 마주치자 자리에서 주저앉고 말았다.

뱀이 움츠린 몸을 펴며 상백을 공격하려는 그때였다.

나무 뒤에서 누군가 뛰어나왔다. 동해였다. 동해가 몽둥이로 뱀의 머리를 내리쳤다. 일격을 당한 뱀은 나무 위로 스르륵 도망갔다. 동해가 상백을 구한 것이다.

옐로우 큐와 서연, 백근이 둘에게 달려갔다. 상백은 주저앉은 채 나무 위로 사라지는 뱀을 바라보고 있었다.

"상백 학생, 괜찮니?"

옐로우 큐가 상백을 일으켰다.

“선생님, 무서워요. 저 죽는 줄 알았어요. 저렇게 큰 뱀에게 물리면 죽는 거 맞죠?”

“상백 학생. 죽는 게 무서우면서 왜 결투를 신청하고 그래? 동해가 아니었으면 정말 죽을 수도 있었다네.”

그제야 상백은 동해를 보았다. 동해는 상백에 대한 경계심을 풀지 않은 채 서 있었다. 일촉즉발의 상황 같았다. 서연은 불안했다. 상백은 생존 박물관에서의 모험 이후 부드러워졌지만 본성이 호전적인 아이이다. 적개심이 묻어 있는 동해의 눈빛을 그냥 지나칠 것 같지 않았다.

“고마워. 너 아니었으면 뱀에게 물려 죽을 뻔했어.”

다행이었다. 상백이 먼저 화해의 손을 내밀었다. 그제야 동해가 눈에 힘을 풀었다. 들고 있던 몽둥이도 내려놓았다.

“동해야, 너 괜찮은 거야? 얼마나 걱정했는데.”

백근이 울면서 다가가 동해를 끌어안았다. 동해가 미안한 표정으로 백근의 손을 잡았다.

“설마, 그 몽둥이로 상백을 공격하려던 건 아니지?”

백근의 물음에 동해의 얼굴이 빨개졌다.

“괜찮아, 동해 학생이 상백 학생을 구했잖아. 본능적으로 친구를 도운 그 마음이 동해 학생의 본래 마음이야.”

옐로우 큐가 동해와 상백의 손을 끌어 둘이 맞잡게 했다. 백근이 눈물을 훔치며 그 둘을 끌어안았다. 극적 화해가 이루어졌다. 서연 또한 눈물을 흘렸다. 두 친구를 잃을까 봐 걱정했던 마음이 풀어지면서 저절로 눈물이 나왔다. 서연은 눈물을 훔치고 힘이 묻어나는 목소리로 말했다.

"드디어 모두 모였어. 이제 아르당을 달로 보내면 미션이 완성되는 거야. 그럼 집으로 돌아갈 수 있어!"

그러다 서연이 문득 깨달았다.

"아 참, 회장님과 캡틴 니콜이요! 아직 대결 중일 거예요."

옐로우 큐가 흠칫 놀라며 물었다.

"상백 학생, 캡틴 니콜은 어디 있어?"

상백이 손을 들어 숲을 가리켰다.

"아저씨는 혼자 저 길로 갔어요. 결투는 위험하다며 저는 여기 있으라고 당부했어요."

"그랬다고? 캡틴 니콜이?"

"네, 니콜 아저씨는 좋은 분이세요. 제가 혼자 여기 떨어져서 떠돌고 있을 때, 음식도 주고 잠자리도 마련해 주셨어요."

"아! 기억났다. 달 포탄을 타는 사람은 아르당, 바비케인 그리고 캡틴 니콜이었어!"

옐로우 큐가 소리쳤다.

매스턴 대위가 아니고 캡틴 니콜이라고? 그 중요한 걸 이제 기억하다니! 한숨이 나왔지만, 마음을 가다듬고 말했다.

"이제라도 기억나서 다행이에요. 어서 결투를 말리러 가요."

마침 저쪽에서 아르당과 매스턴 대위가 오고 있었다. 옐로우 큐가 아르당에게 지금의 상황을 알려 주었다.

"상백 학생 말로는 캡틴 니콜이 저 길로 갔다고 합니다."

"좋아요. 우리도 그쪽으로 가 봅시다."

매스턴이 앞장서고 그 뒤를 아르당 그리고 옐로우 큐와 아이들이 뒤를 따랐다. 그렇게 10분쯤 갔을까? 매스턴이 걸음을 멈추고 낮은 소리로 말했다.

"저 사람이에요!"

캡틴 니콜이었다. 캡틴 니콜은 총을 바닥에 놓고는 무언가 유심히 보고 있었다. 다가가려는 상백을 아르당이 막았다.

"잠시만 더 캡틴 니콜을 살펴봅시다."

캡틴 니콜이 유심히 관찰하는 것은 거미줄이었다. 이 숲의 거미는 비둘기만큼 컸고 그만큼 거미줄이 강했다. 거기에 작은 새가 붙들려 오도가도 못하고 있었다. 캡틴 니콜은 나뭇가지를 들어 커다란 독거미를 몰아낸 다음, 두 손으로 거미줄을 뜯어 작은 새를 풀어 주고 하늘로 날려 보냈다. 캡틴 니콜은 서연이 상상한 것처럼 악한 사람이 아니었다. 결투를 앞두었는데도 총을 놓고 작은 새를 구하다니! 만일 지금 이곳에 도착한 사람이 바비케인이었다면 캡틴 니콜은 목숨을 잃을 수도 있었다.

아르당이 상백에게 신호했고, 상백이 손을 모아 소리쳤다.

"니콜 아저씨!"

캡틴 니콜이 고개를 돌려 이쪽을 봤다. 아르당이 두 손을 하늘로 들고 말했다.

"캡틴 니콜, 나요. 미셸 아르당."

캡틴 니콜은 바닥에 있는 소총을 들어 겨눴다.

"아르당? 당신이 여기 무슨 일이요?"

"당신은 작은 새를 구하는 친절한 사람이군요!"

"헛소리 마시오! 바비케인은 어디 있소?"

"모릅니다. 나는 당신과 바비케인을 화해시키려고 여기까지 왔어요."

"화해? 바비케인과 나는 둘 중 하나가 죽어야 끝나는 결투를 앞두고 있소이다."

그때 매스턴 대위가 나섰다.

"나는 매스턴이요. 바비케인 회장님을 존경하고, 그 또한 나를 존중합니다. 그를 죽여야만 한다면 대신 나를 쏘시오. 우정의 진정성을 밝힐 수 있다면 목숨은 아깝지 않소."

백근이 놀라서 매스턴의 손을 잡았다. 매스턴은 백근에게 걱정 말라는 눈빛을 보냈다.

"헛소리! 내가 결투할 사람은 오직 바비케인이오."

매스턴 대위가 다시 외쳤다.

"궁금한 게 있소이다. 당신은 세계 최강의 장갑판을 개발하는 훌륭한 과학자요. 당신이 왜 동료 과학자인 바비케인에게 이토록 적대적인 감정을 가지고 있는 거요?"

캡틴 니콜이 총구를 내렸다. 숨죽여 지켜보던 아이들이 안도의 숨을 내쉬었다.

"나는 어떠한 대포에도 뚫리지 않는 장갑판을 만들었소만, 바비케인 그 자는 내 명예를 떨어뜨리려고 일부러 나와의 대결을 피했소."

"그건 오해예요. 전쟁은 끝났잖소. 바비케인은 전쟁으로 발전시킨 기술을 달 포탄 개발에 이용하려는 것일 뿐이에요."

캡틴 니콜은 두꺼운 입술을 다물었다. 그때 옆에서 아르당이 외쳤다.

"제가 두 분을 중재하겠습니다. 먼저 바비케인을 찾읍시다. 방법은 그 후에 말씀드리겠소."

일행은 바비케인을 찾아 나섰다. 숲속을 향해 소리쳐도 인기척이 없었다. 30분쯤 숲속을 헤맸을까? 큰 나무 아래에 앉아 수첩에 뭔가를 끄적이고 있는 바비케인을 발견했다. 일행이 다가가는 것도 알아채지 못할 만큼 집중하고 있었다. 거의 앞에까지 도착하니 그제서야 놀라서 고개를 들었다.

아르당이 고개를 숙이고 바비케인의 수첩을 들여다보았다.

"오! 바비케인 회장님, 목숨을 건 대결을 앞두고도 달 포탄에 관해 생각하고 있었나요?"

바비케인이 회심의 표정으로 고개를 끄덕였다.

"계산해 냈습니다. 옐로우 큐 선생이 말한 로켓 엔진을 포탄에 달았을 때, 화약이 얼마나 필요한지, 안전 장치를 어떻게 해야 할지 고안했어요."

캡틴 니콜이 그런 바비케인을 보고는 헛웃음을 웃었다. 그제야 바비케인이 캡틴 니콜을 보고는 그에게 다가갔다.

"캡틴 니콜!"

"흥! 내가 결투를 신청한 것을 잊었나?"

"당장이라도 대결을 시작할까?"

바비케인과 캡틴 니콜의 싸움을 말리려고 일행 모두 두 사람 사이를 비집고 들어갔다.

서연이 두 사람을 번갈아 보며 소리쳤다.

"두 분은 잘 생각해 보세요. 정말 대결을 원하나요? 바비케인 회장님은 머릿속이 온통 달 포탄 개발로 가득하고, 캡틴 니콜은 작은 새를 구해 주는 친절한 분이시잖아요. 두분의 대결이 어떤 의미죠?"

두 사람은 멋쩍은지 헛기침을 했다. 바비케인이 말했다.

"하지만 캡틴 니콜은 날 모욕했소."

그에 대한 대답은 매스턴 대위가 했다.

"나의 친구이자 존경하는 회장님. 캡틴 니콜은 회장님을 오해하고 있었어요. 포탄과 장갑차의 대결을 피하려고 일부터 달 포탄 개발을 계획한 거라고 말입니다. 물론 그게 아니라고 이 매스턴이 설명했지요."

상백이 캡틴 니콜 옆에 섰다. 그리고 캡틴 니콜을 변호했다.

"캡틴 니콜 아저씨는 친절한 사람이에요. 낯선 곳에서 혼자 헤매는 저를 거두고 돌봐주셨다고요. 아저씨가 아니었다면 저는 마차에 치여 죽던지, 굶어 죽었을 거예요."

동해도 한 발 앞으로 나섰다.

"바비케인 회장님은 전쟁이 재발되는 걸 원하지 않으세요. 대포 클럽 회원들이 전쟁을 이야기하고 발사 기지를 찾기 위해 멕시코와 전쟁을 벌여야 한다고 주장했을 때, 회장님은 사람들의 관심이 다시 전쟁으로 쏠리는 걸 피하고려 했어요."

상백과 동해가 주장하는 동안 서로를 보는 바비케인과 캡틴 니콜의 눈이 점차 차분해졌다. 오해가 풀린 것이다.

"하하하, 그럼 이제 나 아르당이 두 분께 제안하겠습니다."

일행 모두의 눈이 아르당의 입으로 모였다.

"갑시다! 우리 셋이 저 달로 갑시다. 우리 세 친구가 지구인의 대표로 달나라에 가자고요."

충격이었다. 두 과학자의 눈이 빠르게 움직였다.

"어때요? 달나라에 가고 싶지 않나요?"

아르당이 재차 물었다.

"좋아, 난 충격을 완화할 방법을 계산했소. 포탄에 탑승해도 아무런 문제가 없을 것이오."

바비케인의 말에 캡틴 니콜이 고개를 끄덕였다.

"가겠소, 나도. 달나라가 궁금한 건 나도 마찬가지요."

바비케인이 손을 내밀었다. 캡틴 니콜이 그 손을 잡았다. 목숨을 건 대결이 끝났다. 매스턴 대위가 손을 높이 들고 외

옐로우 큐의 수업노트 **06**

우주로 가는 사람들

초5-2 물체의 운동 | 중3 과학 기술과 인류 문명

달에서 살 수 있을까?

아직 어렵지 않을까요?

일론 머스크가 로켓을 만들어 화성에 간다고 하던데?

그렇다면 일반인이 로켓을 타는 날이 멀지 않았을 거야.

내가 우주선의 요리사가 되는 날도 멀지 않았다는 뜻이지.

1. 미국의 민간 우주 사업

구소련이 스푸트니크 1호를 쏜 이래로 구소련과 미국의 우주 전쟁은 끝을 모르고 진행되다가 냉전이 식자 우주의 관심은 급속히 사그라들었어. 우주 전쟁이 끝난 지 50년 가까이 지난 지금, 세계 각국은 다시 지구 밖으로 관심을 가지기 시작했어. 환경 문제로 인간의 삶의 터전인 지구의 미래가 점차 어두워지고 있기 때문이야. 지구 이외에 인간이 살 다른 우주 공간을 찾는 거지.

전기차 회사인 테슬라의 CEO 일론 머스크는 지구인의 화성 이주 계획을 주장해서 사람들의 조롱거리가 되었어. 하지만 일론 머스크와 우주를 꿈꾸는 다른 이들의 비전과 성과를 듣고 나면 일론 머스크의 화성 이주 계획이 실현 불가능한 소리로 들리지만은 않을 거야.

일론 머스크

그는 2002년에 우주 탐사 회사 스페이스X를 설립했어. 로켓의 발사까지 단돈 3,000만 달러의 저비용 로켓 개발 계획을 발표했어. 그동안은 우주선 개발에 천문학적인 비용이 들어서 국가 수준에서만 개발할 수 있었기에 사람들은 믿지 못했어. 게다가 지구인의 화성 이주 계획까지 발표했으니 모두들 궤변이라고 생각했지. 하지만 지금까지 스페이스X가 이룬 업적은 대단해.

스페이스X는 상용 우주선 발사, 궤도 발사체 수직 이착륙을 세계 최초로 해냈어. 그중 가장 혁신적인 것은 발사체의 재사용이었지.

로켓을 쏘면 1단 로켓을 바다로 떨어뜨려 다시 사용하지 못했는데 일론 머스크는 재사용하는 방법을 생각했어. 역추진의 힘을 이용해 1단계 로켓을 다시 지구에 착륙시켜서 재사용할 수 있는 방법을 개발한 거야. 이 개발로 우주선 발사에 드는 비용을 엄청나게 절약했어. 스페이스X의 1단 로켓 회수는 어떻게 성공했을까?

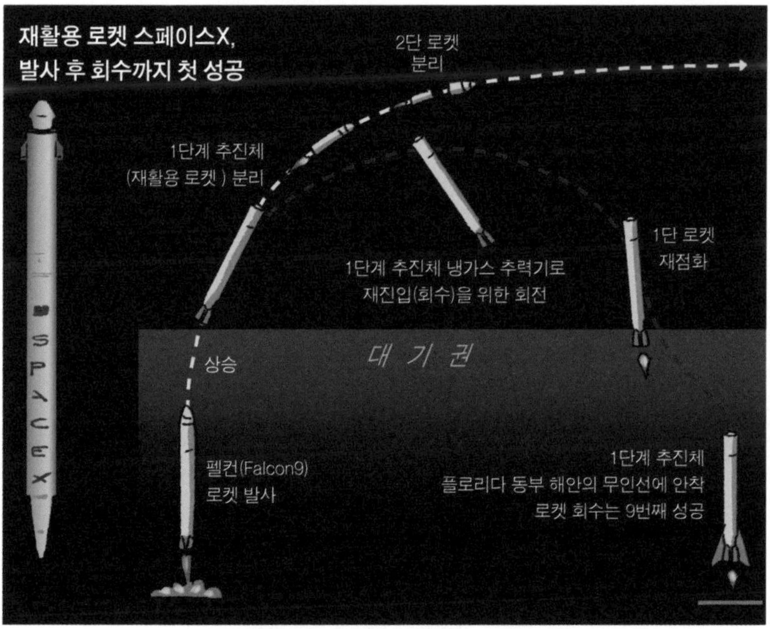

스페이스 X 궤도 발사체의 수직 이착륙 과정

2. 중국의 유인 달 착륙 계획

중국은 미국와 구소련에 비해 비교적 늦은 1965년부터 로켓 개발을 시작했어. 하지만 2003년 유인 우주선 발사에 성공해서 미국, 러시아 다음으로 우주 유영의 기록을 만들었지. 2021년에 중국의 우주 정거장 건설을 위해 메인 모듈인 텐허를 성공적으로 발사했고, 여러 우주선들이 우주 정거장에 도킹을 성공하는 등 우주 개발에 박차를 가하고 있어.

중국은 1969년 미국의 아폴로11호 이후, 51년 만인 2020년 무인 우주선 창어 5호를 달 표면에 착륙시키고 중국 국기를 달에 꽂았어. 중국은 2030년에 유인 우주선을 달에 착륙시키고 인간이 살 수 환경을 달에 만들겠다는 목표를 밝혔어.

3. 우리나라와 아시아 국가들의 우주 개발 프로젝트

우리나라도 달 탐사선을 보냈어. 2022년 8월에 다누리호를 발사했고, 12월에 달 궤도에 진입했지. 한국 항공 우주 연구원은 2032년 누리호 후속 발사체에 달 착륙선을 실어 보낼 계획이야. 다른 아시아의 국가들도 달로 우주선을 보내고 있어. 2023년 4월 일본은 스페이스X 로켓에 무인 달 탐사선을 실어 보냈어. 중간에 연락이 끊겨 실패했지만 도전은 계속되고 있어. 인도도 2023년 7월에 찬드라얀 3호를 발사해 달 궤도에 진입했고 8월에 착륙에 성공했어. 미국, 소련, 중국에 이어 인도가 네 번째로 달에 착륙한 거야.

4. 유럽 우주국의 문 빌리지 프로젝트

유럽 우주국은 '문 빌리지'라는 이름의 달 기지를 만들 계획을 세웠어. 2030년에 인간이 살 수 있는 달 기지를 건설한다는 계획이지. 세계 최고 높이의 부르즈 칼리파를 설계한 건축 사무소 SOM이 유럽 우주국과 협력해서 문 빌리지의 설계를 맡았어. 유럽 우주국이 문 빌리지를 건설할 위치는 달의 남극이야. 이곳은 온도 변화가 심하지 않아서 얼음 상태로 물이 존재할 가능성이 높기 때문이야. 또한 달은 지구 중력의 1/6이라서 지구보다 더 큰 용암 동굴이 있을 것이고, 그렇다면 그곳이 외부의 나쁜 환경을 피할 수 있을 테니 문 빌리지를 건설할 수 있는 최적의 장소가 될 거라고 예상하고 있지. 달 표면에서 채취한 표본을 이용해 현장에서 3D 프린팅 기술로 건물을 짓는다는 구체적인 계획을 가지고 있어.

이야기를 마치며 포탄 우주선을 타다

옐로우 큐가 제안하고 바비케인이 계산한 것에 따라 달 로켓이 만들어졌다. 로켓 엔진을 사용할 수 있게 되어서 포탄을 예상보다 더 크게 만들 수 있었다. 포탄 내부에 2층으로 공간을 만들 수 있게 된 것이다. 이제 대포는 포탄을 초속 3km로만 쏘면 되었다. 하지만 아직 음속의 10배다. 서연은 조종사들이 음속의 3배로 비행하는 전투기를 타고 훈련하는 다큐멘터리의 한 장면이 떠올랐다. 훈련을 잘 받은 조종사들도 속도를 못 이기고 기절하곤 했다.

"아직 위험해요. 포탄이 날아가면 안에 있는 사람들 모두 납작해질 거라고요."

바비케인은 문제될 것 없다며 자신의 수첩에 계산한 것을 보여 주었다.

"서연 양, 걱정 말게. 물로 충격을 완화할 거라네. 포탄 밑바닥에 물을 채울 걸세."

바비케인의 수첩을 본 옐로우 큐가 말했다.

"완벽해요. 물이야말로 충격을 줄여 주는 훌륭한 재료죠.

압력이 가해질 때 물이 파이프를 통해 옆으로 빠지는 거죠?"

"그렇소이다, 선생."

포탄이 발사될 때 압력으로 물이 파이프를 통해 옆으로 빠지며 그 충격을 줄여 줄 것이다.

바비케인이 마지막 안전을 확인하기 위해 동물 실험을 하겠다고 말했다.

"안 돼요. 동물들이 죽을지도 모르잖아요."

서연의 반대에도 바비케인은 단호했다.

"동물 실험을 먼저 해야만 해. 그래야 최종 안전을 점검할 수 있어."

바비케인의 말이 틀린 건 아니지만, 서연은 다른 방법을 찾고 싶었다. 이러지도 저러지도 못할 때 옐로우 큐가 나섰다.

"위험한 상황이 발생하더라도 동물이 안전하도록 장치를 보완할게요. 의자에 스프링을 설치하면 강한 충격을 줄일 수 있어요."

옐로우 큐가 서둘러 스프링 장치를 만들었고 로켓이 받는 힘을 측정해 보였다.

바비케인이 한걸음 물러나 말했다.

"서연 양, 이 정도면 동물들이 안전할 테니 안심하게."

예상보다 충격이 강해도 동물이 무사할 것 같았다. 서연과 아이들은 다행이라며 한시름을 놓았다.

며칠 후 고양이 한 마리와 개 한 마리를 미니 포탄에 태우고 초속 3km로 발사했다. 이 포탄 발사 실험은 물 브레이크의 성능을 시험하는 것이었다. 바다로 떨어지는 포탄을 향해 실행위원들은 보트를 타고 달려갔다. 뚜껑을 열었을 때, 고양이가 튀어나왔다. 옐로우 큐의 예상과 바비케인의 설계가 성공한 것이다. 서연이 놀라 튀어나오는 고양이를 잡아 안았다.

"다행이야. 걱정했어, 나비야."

하지만 개는 나오지 않았다. 매스턴 대위가 포탄 안으로 고개를 들이밀고 꺼내려 했지만, 잔뜩 겁을 먹은 개는 절대 밖으로 나오려 하지 않았다. 난감해하는 매스턴 대위를 보고 바비케인이 말했다.

"매스턴, 그냥 두게. 저 개도 우리와 달로 갈 걸세."

"그래야겠습니다, 회장님. 다이애나를 부탁합니다."

"자네가 있어서 안심하고 떠날 수 있어. 자네가 준비해 줄 우주 식량을 기대하겠네. 믿음직스러운 친구, 보름달 빵도 챙겼지?"

"하하, 그럼요. 백근 요리사가 함께 애쓰고 있답니다. 백근 요리사가 보름달 빵뿐만 아니라 조선에서 먹는 고추장도 만든다고 하네요."

백근이 손가락을 들어 브이자를 만들었다.

"옐로우 큐 선생, 포탄 속의 산소 문제는 어떻게 되었소?"

"화학 실험이 끝났습니다. 염소산 칼륨을 가열하니 산소가 나왔어요. 이는 염화 칼륨과 산소가 열분해된 것으로 염소산 칼륨 8kg에서 3kg의 산소가 나옵니다."

옐로우 큐의 과학 설명이 시작되었다. 얼마나 긴 설명이 이어질지 시작부터 질렸지만, 포탄을 타기로 한 세 사람은 진지하게 경청했다. 목숨을 건 우주 여행에 앞서 진지할 수밖에 없지 않겠는가? 옐로우 큐는 자신을 막는 사람이 없자, 길게 아주 길게 과학 설명을 이어갔다.

드디어 바비케인과 옐로우 큐가 설계한 포탄 우주선이 완성되었다. 바비케인이 3층 건물보다 큰 포탄 우주선을 등지고 말했다.

"오늘을 기념하며 이 포탄 우주선 안에서 만찬을 합시다."

저녁이 되었고 달로 갈 세 명과 매스턴 그리고 옐로우 큐와 아이들이 포탄 외벽 사다리를 타고 우주선 안으로 들어갔다.

포탄 우주선은 2층이었다. 아이들은 신기해하며 포탄 우주선 이곳저곳을 구경했다. 서연이 혼잣말을 했다.

"세 사람이 머물기에 무척 넓은 걸!"

식량과 물 그리고 산소를 만들 염소산 칼륨과 조명을 밝힐 가스통이 벽에 단단히 고정되어 있었다. 밖을 볼 수 있는 창문도 있었다. 옐로우 큐가 창문을 가리키며 흥분해서 말했다.

"이 창문으로 떠오르는 푸른 별 지구를 볼 수 있겠군요."

"떠오르는 지구라? 여기 있는 우리만 할 수 있는 말이군요!"

바비케인이 감회에 젖어 말했고, 캡틴 니콜과 아르당도 감격한 표정으로 창문을 통해 밖을 보았다.

"자 자 자, 포탄 승객 여러분. 감동은 우주에서 하시고, 지금은 최고급 안심 스테이크를 드세요."

포탄 우주선 2층에 테이블이 차려져 있었다. 커다란 스테이크 접시가 사람 수만큼 깔려 있었다. 매스턴 대위와 백근이 준비한 것이었다. 백근이 소스를 내놓았다.

"이 소스는 제가 특별히 만든 것이니 드셔 보세요."

승객들이 스테이크를 잘라 소스를 찍어 입에 넣었다. 처음 맛보는 진미인 듯 모두의 표정이 밝아졌다. 아르당이 감격한 표정으로 맛을 음미하며 백근에게 물었다.

"이건 샤토브리앙 소스 아닌가?"

백근은 데미글라스 소스에 백포도주와 향신료인 타라곤을 넣어 프랑스의 고급 소스를 만들었다. 프랑스인 아르당이 그것을 알아낸 것이다.

"맞습니다."

"내가 이곳에서 고향의 맛을 보다니! 고맙네, 백근 군."

오랫만에 모두 모여 그간의 힘들었던 일을 이야기하고 놀라운 성과를 이룬 것에 서로를 칭찬했다. 서연도 소설 속 마지막 만찬을 즐겼다.

식사가 끝나갈 즈음 바비케인이 말했다.

"옐로우 큐 선생과 아이들이 여기 2층을 쓰시오. 캡틴 니콜과 아르당 그리고 내가 1층을 쓰리다."

서연은 바비케인이 무슨 소리를 하는지 어리둥절했다.

"회장님, 무슨 말씀이시죠? 우리더러 2층을 쓰라니요? 포탄 우주선을 타는 사람은 세 분이잖아요?"

"서연 양은 아직 모르는가? 옐로우 큐 선생이 학생들도 포탄 우주선에 탑승한다고 했네. 그래서 우주선을 2층으로 만든 거야."

서연이 고개를 팩 돌려 옐로우 큐를 째려봤다. 기회가 생기면 말도 안 되는 과학 모험을 하려는 괴짜 과학 선생님이라는 걸 서연이 방심하고 있었다. 서연은 바비케인, 아르당, 캡틴 니콜에게 양해를 구하고, 친구들과 옐로우 큐를 떠밀어서 1층으로 내려왔다.

"선생님! 이런 중대한 일을 혼자 결정하시면 어떡해요?"

"미, 미안하네. 하지만 포탄 우주선을 정말 타고 싶다고."

"안 돼요. 우리의 미션은 끝났어요. 그렇지, 동해야?"

동해의 눈은 포탄 우주선의 창문으로 가 있었다.

"미안, 서연아. 나도 저 창문으로 작고 푸른 지구를 보고 싶어."

아뿔사! 그렇다. 우주를 좋아하는 동해의 선택은 그럴 수 있다. 서연은 상백을 돌아보았다.

"상백아, 어서 저 둘을 말려 봐."

"나? 나는 벌써부터 포탄 우주선을 타기로 캡틴 니콜과 약속했는 걸."

아이고 두야! 이번에는 백근을 보았다. 백근이 해맑게 웃으며 허리에 차고 있는 양념통을 툭툭 쳤다.

"우주선 안에서 요리는 누가 해?"

"그건 네가 걱정할 게 아니라고."

서연이 고개를 떨구고 다시 옐로우 큐에게 말했다.

GAS
GAS

"선생님, 달에서는 사람이 살 수 없다고요."

"서연 학생, 포탄 우주선이 출발하고 Q 배지를 발동하면 되잖아. 지구 별만 보고 돌아가자. 응?"

"그러다가 Q 배지가 작동하지 않으면요? 선생님은 우리를 현실 세계로 데려갈 의무가 있다고요. 어서 Q 배지를 꺼내세요."

옐로우 큐가 잠시 망설이더니 Q 배지를 꺼냈다.

"아쉽네. 하지만 서연 학생이 이렇게까지 화를 내니까, 이번에는 내가 양보할게."

서연은 철없는 친구들을 불러모았다. 아이들은 일제히 2층을 올려다보았다. 동해는 바비케인 회장을, 백근은 매스턴 대위를, 상백은 캡틴 니콜을. 그들은 2층에서 샴페인을 마시며 우주여행의 기대에 부풀어 웃고 있었다.

서연이 옐로우 큐에서 Q 배지를 빼앗아서 손에 들고 눈을 질끈 감고 기도했다. Q 배지가 빛을 발산했다. 서연이 눈을 더 꼭 감고 힘주어 주문을 외웠다.

"미션 완성! 현실 세계로 돌려보내 줘."

서연의 감은 눈이 핑글핑글 돌며 앞이 환해졌다.

"서연 학생, 눈 떠 봐!"

"선생님, 얘들아. 모두 무사한 거죠?"

"아마도."

서연은 살며시 눈을 떴다. 변한 건 없었다.

"이상해요. 분명 빛이 보이고 어지러웠는데?"

"그건 서연 학생이 눈을 너무 꽉 감아서야."

"왜죠? 왜 Q 배지가 빛나지 않는 거죠?"

옐로우 큐가 어깨를 으쓱해 보였다. 다른 아이들도 모르겠다며 고개를 저었다. 동해가 말했다.

"아직 미션이 안 끝났나 봐."

"그럴 리가! 뭐가 남은 거야? 뭐 생각나는 거 없어? "

"서연 학생, 양보하려 했지만 그럴 수 없다네. 우리가 달 포탄 우주선을 타야 하나 봐. 그래야 미션이 완성될 것 같아."

"선생님이 우주선을 타고 싶어 하니까 이렇게 된 거잖아요!"

서연이 꽥 소리를 질렀다. 그동안 참고 있던 화가 폭발한 것이다.

"서연 학생, 많이 흥분한 것 같아. 해양 박물관 때 노틸러스호에 처음 탄 그날처럼 말이야."

옐로우 큐의 말에 동해와 백근이 고개를 끄덕이며 너스레를 떨었다.

"난 이런 서연의 불 같은 성격이 그리웠어."

"크큭, 맞아. 왠지 친근해."

"백근이, 너까지!"

서연이 동해와 백근의 옆구리를 마구 꼬집었다. 동해와 백근이 즐거운 비명을 질렀다. 바비케인, 니콜, 아르당이 소란스러운 아래층을 내려다보며 어깨를 으쓱했다. 옐로우 큐와 상백, 동해와 백근이 그들을 향해 밝게 웃으며 손을 흔들었다.

11월 30일 운명의 날이 밝았다. 포탄 우주선이 발사되는 플로리다 템파에는 500만 명의 군중이 모였다. 달나라로 가는 지구 사절단을 배웅하기 위해서였다. 바비케인을 선두로 일행은 포탄 우주선에 탑승했다.

아이들이 2층 정해진 자리에 앉았다. 동해와 상백은 무섭지 않은지 창문 밖을 보며 마구 떠들었다. 옐로우 큐만큼이나 신나 있었다.

"이 바보들아, 우린 지금 놀이기구 타는 것이 아니라고!"

서연은 친구들이 듣거나 말거나 말하고는 자리에 누웠다.

백근은 준비한 우주 식량을 빠트리지 않고 잘 실었는지 주방 창고를 점검하고는 창문 밖의 매스턴 대위를 향해 손을 흔들었다. 매스턴이 갈고리 손에 노란 손수건을 감아 흔들었다.

아래층에서 바비케인의 목소리가 들렸다.

“모두 자리에 누우시오. 이제 20초 남았소.”

서연이 눈을 꼭 감았다.

500만 군중의 목소리가 하나 되어 울리기 시작했다.

“십, 구, 팔……”

‘그날 우주 박물관에서 목소리가 어떻게 말했었지?’

서연이 다시금 기억을 더듬었다.

“칠, 육, 오, 사……”

“미지의 우주로 출발!”

상백이 외쳤다.

‘아!’

서연은 비로소 박물관에서 들은 미션이 생각났다.

“삼, 이, 일……”

광대한 우주를 만나라!

미지의 우주로 가라!

푸른 별 지구를 보라!

“발사!”

광대한 우주를 만나라!

미지의 우주로 가라!

푸른 별 지구를 보라!

쥘 베른의 《지구에서 달까지》, 20세기 달 착륙을 견인한 19세기 과학 소설

옐로우 큐와 아이들이 달로 가기 위해 로켓을 만들었던 이번 소설은 쥘 베른의 과학 소설《지구에서 달까지》야.

앞서 우리 주인공들이 해양 박물관에서 모험한 이야기는 쥘 베른의《해저 2만 리》로 바다를 탐험한 이야기고, 생존 박물관에서 모험한《15소년 표류기》역시 무인도를 탐험하는 쥘 베른의 소설이지.

이번에 우리가 다녀온《지구에서 달까지》는 쥘 베른이 우주로 눈을 돌린 작품이야. 이번 책 역시 멋있는 과학 소설(SF)이었지? 지금의 SF와는 조금 다르지만, 작가는 당시 과학 기술의 발전을 이용하여 극한의 상상력을 보여 주었어.

《지구에서 달까지》의 작품 속 배경은 미국의 남북 전쟁이 끝난 직후야. 전쟁이 일어나면 새로운 무기가 개발되고 성능이 좋아지는데 이 전쟁에서는 대포 기술이 크게 발전했어. 더 멀리, 더 높이 포탄을 쏘는 대포가 필요했지. 이런 시대적 배경이 이 소설을 탄생시킨 거야.

당시 달에 간다는 것은 몇몇 사람들의 터무니없는 상상이었어. 달은 인간이 닿을 수 없는 미지의 장소이고 신적인 장소였지. 과학이 발달하면서 달 역시 하나의 천체라는 것을 알았고 지구처럼 사람들이 살 수 있을 거라고 상상한 거야. 그리고 달나라 사람과 지구인의 소통을 시도한 것이지. 이런 상상이 과학 기술을 발달시키고 결국 인간이 달에 갈 수 있도록 만든 게 아닐까?

우리가 알다시피 달에 최초로 내린 사람은 미국의 닐 암스트롱이야. 소설이 발표된 1865년에서 거의 100년이 지난 때인 1969년에 아폴로 13호가 그를 태우고 달에 착륙해.

구소련과 미국의 냉전이 식으며 두 나라가 경쟁하던 달 탐험도 끝났지만, 이제 다시 인류는 우주로 향하고 있어. 미국, 유럽, 중국, 그리고 우리나라도 달 탐험 로켓을 발사하고 있어. 이제 달은 더 이상 상상의 장소가 아닌 지구인의 미래 거주지로 개발되는 곳이지.

여러분도 어서 달나라에 가고 싶지? 아마 곧 우리의 바람은 이루어질 거야.

쥘 베른 (1828~1905)

《지구에서 달까지》 1865년 초판 발행

옐로우 큐의 편지

어때요? 로켓을 만들어 달로 가는 이야기를 들으니 하늘에 떠 있는 달이 새롭게 보이나요? 사람들은 오랜 시간 동안 달을 바라보며 여러가지 상상을 했어요. 차고 기우는 달은 시간과 계절의 변화를 상징하고, 신비로움과 풍요로움, 마법과 여신의 상징이지요.

고대 과학자들은 달의 움직임을 기록하고 이해하려 했어요. 16세기 이후 서양의 과학 기술이 발달하면서 달에 가고 싶다는 인간의 바람과 상상은 현실이 되었지요. 이제 달은 인간이 살 수 있는 차세대 거주지로 인정받고 있어요.

다른 행성을 연구하는 과학계의 움직임이 빨라진 것은 안타깝게도 지구 환경이 급속도록 나빠지고 있기 때문이에요. 지구를 떠나 인간이 살 수 있는 다른 행성을 찾고 있는 것이지요. 하지만 지구가 안전해도 인류는 우주 저 멀리 나아가려고 노력했을 거예요.

쥘 베른이 지구 속으로, 바닷속으로, 우주로 나간 모험 소설을 쓴 것은 인간의 호기심과 모험심 때문이에요. 인류는 미지의 세계를 궁금해하고 탐험하려는 욕구가 있거든요. 미지의 세계를 상상하는 쥘 베른 같은 작가들, 우주를 향해 모든 시간과 열정을 쏟는 과학자들 덕분에 우리는 지구 밖 세상에 대해 점점 더 많을 것들을 알아 가고 있어요.

지금은 인간이 보낸 위성이 태양계 저 끝까지 도달했어요. 목성의 대적점이 소용돌이인 것을 확인했고, 토성의 위성 타이탄에 물이 있다는 것을 예측하고 있어요. 이들은 지구와 같이 태양계에 존재하는 행성이에요.

우주 박물관 (하)권에서 우리의 친구 민서연, 천동해, 마상백, 오백근 그리고 나 옐로우 큐가 직접 우주로 나가 태양계 행성들에 대해 알아볼 거예요. 신비한 태양계 이야기를 기대해도 좋아요. 그사이 우리의 마음을 웅장하게 만드는 쥘 베른의《지구에서 달까지》를 읽어 보길 바라요.

그럼 우주 박물관 (하)권에서 다시 만나요.

이미지 출처

* 이 책에 쓴 사진은 저작권자의 허가를 받아 게재한 것입니다.
* 저작권자를 찾지 못하여 게재 허가를 받지 못한 사진은 저작권자를 확인하는 대로 허가를 받고, 출판사 통상 기준에 따라 사용료를 지불하겠습니다.

옐로우 큐의 살아있는 박물관 시리즈

우주 박물관 상

1판 1쇄 인쇄 2024년 4월 10일
1판 1쇄 발행 2024년 4월 25일

글 | 윤자영
그림 | 해마
발행인 | 전연휘
기획·책임편집 | 전연휘
교정교열 | 김민애
디자인 | 염단야
홍보·마케팅 | 양경희, 노혜이

발행처 | 안녕로빈
출판등록 | 2018년 3월 20일(제 2018-000022호)
주소 | 서울특별시 광진구 아차산로69길 29 1108
전화 | 02 458 7307
팩스 | 02 6442 7347
@hellorobin_books
hellorobin.co.kr
blog.naver.com/hellorobin_
robinbooks@naver.com

ISBN 979-11-91942-29-3
979-11-965652-7-5 (세트)